講座
図書館情報学
10

山本順一
［監修］

情報資源組織論

よりよい情報アクセスを支える技とシステム

［第2版］

志保田 務
［編著］

ミネルヴァ書房

「講座・図書館情報学」刊行によせて

　（現生）人類が地球上に登場してからおよそ20万年が経過し、高度な知能を発達させたヒトは70億を数えるまで増加し、地球という惑星を完全に征服したかのような観があります。しかし、その人類社会の成熟は従来想像もできないような利便性と効率性を実現したものの、必ずしも内に含む矛盾を解消し、個々の構成員にとって安らかな生活と納得のいく人生を実現する方向に向かっているとはいえないようです。科学技術の格段の進歩発展の一方で、古代ギリシア、ローマと比較しても、人と社会を対象とする人文社会科学の守備範囲は拡大しこそすれ、狭まっているようには思えません。

　考古学は紀元前4000年代のメソポタミアにすでに図書館が設置されていたことを教えてくれました。図書館の使命は、それまでの人類の歴史社会が生み出したすべての知識と学問を集積するところにありますが、それは広く活用され、幸福な社会の実現に役立ってこそ意味があります。時代の進歩に見合った図書館の制度化と知識情報の利用拡大についての研究は図書館情報学という社会科学に属する学問分野の任務とするところです。

　1990年代以降、インターネットが急速に普及し、人類社会は高度情報通信ネットワーク社会という新しい段階に突入いたしました。4世紀あたりから知識情報を化体してきた書籍というメディアは、デジタルコンテンツに変貌しようとしております。図書館の果たしてきた役割はデジタル・ライブラリーという機能と人的交流と思考の空間に展開しようとしています。本講座では、サイバースペースを編入した情報空間を射程に収め、このような新たに生成しつつある図書館の機能変化と情報の生産・流通・蓄積・利用のライフサイクルについて検討・考察を加えます。そしてその成果をできるだけ明快に整理し、この分野に関心をもつ市民、学生に知識とスキルを提供しようとするものです。本講座を通じて、図書館のあり方とその未来について理解を深めて頂けたらと思います。

2013年3月

山　本　順　一

はじめに

　本書は、「大学において　履修すべき図書館に関する科目」（平成20年6月改正の図書館法5条1項1号）内の甲群（必須）科目 "情報資源組織論"（2単位）に充当させたテキストである。同科目の役割領域を「これからの図書館の在り方検討協力者会議報告　（別紙2）　平成21年2月」は、「印刷資料・非印刷資料・電子資料とネットワーク情報資源からなる図書館情報資源の組織化の理論と技術について、書誌コントロール、書誌記述法、主題分析、メタデータ、書誌データの活用法等を解説する。」と指示している。またそれをさらに細分した下記の10項目例を示している。略表示をもって転載しておく。

1) 情報資源組織化の意義と理論
2) 書誌コントロールと標準化
3) 書誌記述法（主要な書誌記述規則）
4) ～6) 主題分析：考え方、分類法、検索法
7) ～8) 書誌情報：作成と流通（MARC、書誌ユーティリティ）、提供
9) ネットワーク情報資源の組織化とメタデータ
10) 多様な情報資源の組織化とメタデータ

　このように見てくると「情報資源組織論」は、資料、情報の検索・探索、取得に関して、間接サービスの面から学ぶ科目ということになる。図書館の間接サービスは、旧来は蔵書検索に「資する」という感覚にあったが、そこから踏み出て、利用者が求める情報に対応する検索システムを全面的に備える時代に至っている。そこでは、書誌ユーティリティも活用することとなる。
　ここにおいて情報資源の組織化は、ユニバーサルな情報の組織化、書誌コン

トロールの虚空におかれる。それはWeb、メタデータ次元で、博物館やアーカイブのデータと交流する。

ただし本書は、目録原理の学習において、カード目録を土台に説明する。カード目録の機能、項目面がコンピュータ目録の基礎、共通であり、原理面では本質でさえある。したがってカード目録を理解することは、コンピュータ目録の理解につながるのである。

なお主題に関する章では、韓国、中国の分類など、近隣諸国のそれにも触れた。また図書記号では種類の説明幅を広げた。なお学校図書館資源、障害者用資源の組織化にも踏み入り、さらに書誌、索引など、情報を結ぶツールについて解説した。本書の特徴である。

こうして15回の講義（30時間）に照準を定め章立てた。各章末に、簡単設問（英米ではこうした設問をQuizという）を備えた。ただし、全9章という構成にしたので、15回に割り当てたい方は、第4章～第9章については各章を2回分にお分け願いたい。じっくりとした理解を得るために、よいかもしれない。

顧みて、着手以来2年半を要した。監修者・山本順一教授の粘り強い査読と、ミネルヴァ書房・水野安奈氏の根気と辛抱がなければ本書はおそらくまとまらなかったであろう。本書をお使い下さる方々のご指南をお願い申し上げます。

なお、本書は2014年末改訂発行の『日本十進分類法』新訂10版に従って改訂し、第2版とした。また韓国十進分類法（KDC）の最新版について同編者の呉東根博士のご教示を得て、加筆・修正を行った。さらに、図書館情報資源のWeb化、それに則した組織法、デジタルアーカイブの構成に言及した。また、それらの基盤をになうメタデータについても解説した。更に図書館情報資源としての電子書籍の管理運用について解説した。改訂作業の中心を担なって下さったのは前川和子氏、中村恵信氏である。なお、共同執筆者の杉山誠司氏が逝去された。ご冥福を心よりお祈り致します。

2016年2月

志保田 務

情報資源組織論［第2版］
――よりよい情報アクセスを支える技とシステム――

目　次

はじめに

第1章　情報資源組織とは … 1
　　　　　——図書館の基本的な役割
　１　情報資源の組織化　1
　　　　——図書館サービスの下支え（バックアップ）
　２　現代図書館の情報資源組織化の枠組み　3
　３　利用者と資料を結び付ける機能　5
　コラム1　コンピュータ時代にも重要な目録、分類の知識と経験　7
　Question 1　7

第2章　目録の役割と種類 … 8
　１　目録の役割　8
　２　目録以外の各種ツール——書誌、索引など　9
　３　目録の種類　10
　コラム2　OPACって何だろう　17
　Question 2　17

第3章　目録記入の構成 … 18
　１　記入（entry）とその構造　18
　２　標目と目録の種類　20
　３　目録システムにおける"記述"　28
　コラム3　VIAF　29
　Question 3　29

第4章　書誌コントロールとその沿革 … 30
　１　書誌コントロール　30
　２　集中目録作業、共同目録作業の沿革　34
　３　OPACの管理と運用　45
　コラム4.1　MARC　50

iv

コラム4.2　公共図書館と書誌データの活用　50
　　　Question 4　52

第5章　目録の検索、検索への備え……………………………………53
　　1　タイトルや著者からの検索　53
　　2　主題検索——件名目録、分類目録　57
　　　コラム5　件名標目表とシソーラス　72
　　　Question 5　73

第6章　書架分類………………………………………………………………74
　　　——分類順配架
　　1　配架と分類　74
　　2　分類表——分類作業のためのツール　79
　　3　分類作業——分類記号を付与するための作業　102
　　4　所在記号（請求記号）　108
　　　コラム6　学校図書館における配架　113
　　　Question 6　113

第7章　目録・書誌の基準とその歴史……………………………114
　　1　目録規則の意義　114
　　2　近代目録規則の歴史（20世紀前半まで）　115
　　3　図書館目録に関する世界標準　121
　　4　20世紀後半の目録規則——国際原則のフィードバック　127
　　5　『日本目録規則』1987年版改訂3版の規則概要　133
　　　コラム7　FRBRとは　151
　　　Question 7　154

第8章　デジタル情報資源の組織化とメタデータ……………155
　　1　デジタル情報資源の組織化　155
　　2　デジタル情報資源のネットワーク化とメタデータ　157

3 デジタルアーカイブシステム　164
　　　　　──記述メタデータ以外のメタデータ
　　コラム8.1　図書館とエンコーディング方式　173
　　コラム8.2　メタデータの応用プログラム　175
　　　　　──OAI-PMHハーベスティング
　　Question 8　175

第9章　多様な情報資源組織 ……………………………………………… 176
　　1 図書以外の情報資源の目録と情報の保管運用　177
　　2 各種図書館における情報資源組織化　181
　　3 情報資源組織化の今後とMLA連携　193
　　Question 9　194

参考文献　195

索引

第1章　情報資源組織とは
　　　——図書館の基本的な役割

1　情報資源の組織化
　　——図書館サービスの下支え（バックアップ）——

　「本を読みたい・探したい・借り出したい」あるいは、「調べ物をしたい」と人々は図書館を訪れる。貸出やレファレンスなど直接サービス（図1.1参照）が人々を迎える。だが陰には下支え、バックアップ業務がある。これを、間接サービス（図1.2参照）という。

　間接サービスのはじまりは情報資源の納品・受入である。だが受入業務が直ちに利用につながるわけでない。公開の書架への配列（以下、"配架"と記す）が必要である。配架や検索に備え、各資料に所在記号（分類記号など）を与える。ところが館内の蔵書や情報資源は膨大である。単に配架するだけでは利用者の情報資源へのアプローチが可能とならない。

　配列位置までの案内、つまり館内案内図・書架案内図が要る。だが案内図を備えるだけでは十分ではない。

　目録が必要である。目録で所在記号を確認することにより、利用者は正確な配架位置へ到達する[1]。間接サービスのうち収集・受入以外の業務を情報資源組織という。本書は、配架や目録を基盤として、主題分析、書誌コントロール

1）"配列"には"排列"、"配架"には"排架"の用字法がある。日本図書館協会（JLA）編・刊の『日本目録規則』は日本図書館協会編刊となった最初の1952年版以後一貫して「排列」を用いている。文部省編『学術用語集　図書館学情報学編』（丸善，1997）が「排架」を項目としていることもあり、"排"が正式とされる（岩猿敏生「目録の〈排列〉と〈配列〉」『図書館界』vol.52, No.6, 2001.3.）。

　だが"排"の使用は感覚的にふさわしいと思えない。JLAでもNDCに新訂7版（1961年）以後、分類記号「014」で「配列」、「配架」を使用した。本書は"配列"、"配架"両語を明示した後者に従う。なお二村健『図書館の基礎と展望』（学文社，2011）p23を参照されたい。

図1.1　直接サービス

など情報資源組織（詳しくは情報資源組織化業務）を扱う。

　目録作成など情報資源組織化業務を図書館の外部の業者に委託する今日、図書館員にとって関係の知識や技術は不要と見る向きがあるだろう。だが、図書館業務の表側である、レファレンスサービスなどで、利用者を情報検索や配架へスムーズに導くには、目録、分類など情報組織関係の知識が不可欠である。

　現今、直接サービスをも業務委託する図書館が少なくない。さらに図書館管理そのものを外部に託す図書館もある。だが図書館管理には情報組織化に関する底力が必要である。安易な業務委託は図書館サービスを空洞化してしまうだろう。たとえ業務委託するとしてもその前に、図書館情報管理システムつまり目録システムの決定・維持・更新、目録や分類の精度などに関し、自律的な基本線を明確化しておかねばならない。そうした留意は業務委託した後も継続される必要がある。

　今日、図書館所蔵情報へのアプローチ（検索）は、インターネット経由でなされることが多い。ネット化した検索では、情報資源組織化がサービス効果を高めるとともに、調整が不良であれば騒動を起こす恐れもある。こうした情報資源の組織化が将来も維持されるか否かは、司書資格を得ようとしている学習者の自覚にかかっている。この科目では情報資源組織化に関し、上記のような考察を深めるため、関係技術を概略理解せしめようとする。

第1章　情報資源組織とは

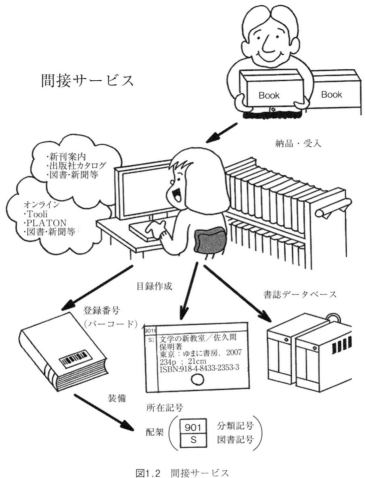

図1.2　間接サービス

2　現代図書館の情報資源組織化の枠組み

　図書館法（1950年）第2条では、情報資源組織化関係の業務を「整理」（arrangement）と規定した。同条が図書館業務を「資料を収集し、整理し、保存

して、一般公衆の利用に供し」（下線：筆者）と記したのがそれである。この「整理」は次の時代に「資料組織」という表現に変わった（図書館法施行規則〔以下省令と呼ぶ〕1996年改正）。「整理」、「収集」などの業務を一体化したものである。さらに2009年の省令改正で「情報資源組織」という枠組みに転じた。

　つまり関係科目は、1950年（最初の規定）"図書整理法（図書目録法・図書分類法）"、1968年"資料整理法（資料目録法・資料分類法）"、1996年"資料組織概説"、2009年"情報資源組織論"と変遷した。

　これらは図書館の扱う"もの"が、図書→資料→情報資源へと変化した時代の推移に基づくであろう。メディアの定義が、図書からそれ以外の紙メディアへ、次に視聴覚資料へ、さらにデジタル情報資源へと拡張変化したことによる。今般採用された用語"情報資源"には、ネットワーク情報資源も含まれる。

　図書館における"組織化"の対象は、ネットワーク情報資源の組織化へ歩を進めている。しかし、図書館における組織化対象の資源が根本的に転換しているとはいえない。日本の公共図書館のコレクションの中心は依然として図書など紙メディアであり、デジタル系の資源でも有形の資源（パッケージ型）が主流である。ネットワーク情報資源は現実に図書館がサービス上で扱うものとなっているが、その蓄積、加工、目録への登載など資源組織化については、手続き問題のほかいくつかの課題を残している。なおネットワーク情報資源の"コレクション"の面、一次情報としての側面は別科目"図書館情報資源概論"で扱う。

　今日の情報資源の利用は一館におけるコレクションを超えた方向に向かっている。ほかの図書館の資料利用の斡旋（図書館間貸借：Inter Library Loan：ILL）がそれである。図書館協力の次元では、情報資源組織化、特に目録は、個々の館の目録を越えて総合目録に及んでいる。個々の館の目録にあっても、コンピュータ目録（第2章コラム2.1）をWeb上に公開することで、その館の基本的な利用者（例えば住民）以外でも検索できる。さらには、検索した著作そのものを在宅で手に入れることも可能となっている。

3 利用者と資料を結び付ける機能

本章では来館者を主な対象として、図書中心に説明する（したがってインターネット、Web 上の検索は本章での説明の対象とはしていない）。

3.1 開架書架での検索——書架分類と書架検索

現代の公共図書館は、利用者が自由に利用（open access）できるよう、書架が公開されている。開架書架（open stack）システムである。

多くの図書館では、開架書架を主題（知識あるいは情報・資料などの内容、テーマ）別に分類（配列）し、書架に配列している。これを配架という。"分類"は図1.3のように『日本十進分類法（Nippon Decimal Classification：NDC）』の記号を、各資料に貼付けたラベル上に表示して、配架の基準としている。ただし、ラベルには分類記号以外の要素（例えば著者記号など）を加えることもあるので、"所在記号"（location mark）と呼ぶ（請求記号＝call number と呼ばれることもある）。この記号は、書架で直接検索する手段となる。

分類記号の付与のため、情報資源組織の担当職員は各資料の内容を分析し、テーマを把握して分類表などマニュアルと照合する。この作業を"主題分析"という。主題分析は主題目録の標目（見出し）付与のためにも併せ行われる。

図1.3 所在記号

開架書架は、利用者が気軽に資料を探索するための表通りである。こうした気軽な探索（法）は、牛や羊が牧草を選び食べ歩く様に譬えてブラウジング（browsing）、ブラウジング検索と称される。配架関係は第6章で詳述する。

3.2 目録の利用——目録を用いた検索

利用者が図書館で情報資源を確実に探すための重要なツールは目録である。ブラウジング検索など開架書架で直接検索することは楽しいことだが、厳密な検索法ではない。求める情報資源を図書館目録で検索・確認し、その情報資源

の所在記号を把握したうえで配架位置に足を運び、入手するというのが確実なプロセスである。所在記号は目録から配架へ橋渡しの役をする。

(1) 特定資料の検索――既知検索

　ユーザー（利用者）が求める情報資源をすでに特定しており、その図書館で所蔵しているかどうか検索する場合がある。新聞や雑誌の書評に掲載されていた図書や学校の授業で紹介された図書を探す場合などである。

　このように、その資料が世に存在することを知って検索することを既知検索と呼ぶ。既知検索は、タイトル（書名）、あるいは著者名を検索の要素、アクセス・ポイントとして検索する。カード目録時代にできた枠組みでいえば、タイトル目録、著者目録などが利用される主要な図書館目録の種類である。コンピュータ目録ではこれらのほか、タイトルの一部などによる検索機能をもっている。こうした部分一致の検索機能を、トランケーション機能という。

(2) 主題検索――未知検索

　もう一つは、利用者が求める情報資源について、世の中におけるその存否も含め、漠たる探索をする場合である。これを未知検索という。"未知検索"とは、テーマ（主題）に基づく検索となる。これを主題検索という。主題とは資料の著作内容、テーマである（第5章第2節参照）。

　主題検索には、主題をあらわすコトバ（件名）で検索する件名目録と、主題を表す分類記号などで検索する分類目録がある。"目録における分類"は「開架書架での検索」で説明する予定の"書架分類"と混同しないために"書誌分類"と表現する。なお"目録"と"書誌"については第2章第2節で説明する。

3.3　目録検索から情報資源入手へ

　目録検索で利用者が確認することがらは次の点である。

第 1 章　情報資源組織とは

(1)当該資料を当館が所蔵しているか。求める版を所蔵しているかが分かる。
(2)貸出できるかを確認する（貸出禁止は歴史的に"禁帯出"と呼ばれた）。
(3)目録記入で該当する資料の所在記号を確認し、配架位置を把握する。

■□コラム1□■

コンピュータ時代にも重要な目録、分類の知識と経験

　図書館利用者のニーズは多様だが、経験的には、テーマによる検索が多いように思われる。日本では日本十進分類法（NDC）で配架している図書館が多い。図書の背に貼ったラベルの記号によって配架するこの配架法は利用者には利便性が高い。司書には分類に関する知識をもとにサービスを行い、書架を管理する能力が求められる。
　蔵書が増加すると、一つの連続した集合として書架の位置を認識することが、利用者ばかりでなく職員にも困難となる。そこで目録の重要性が大きくなる。目録は、いわば実物の「身代わり」としてその検索によって、求める資料の所蔵を確かめ、配架位置をつかむ。現在においては、MARCと呼ばれる電子データが用いられる目録であるが、その要素と機能は長年にわたって育まれた図書館技術によっている。目録の機能を理解すれば効率的な検索ができる。だが、一般市民が目録技術を駆使することは困難であり、司書の助言や目録検索の助けが必要となる。司書は目録規則や分類法など資料組織に関する知識や技術を高めなければならない。インターネット上の書籍検索システムでは検索項目にタイトルを用いるものが多い。それは、思いついたキーワードによる検索を前提としており、期待通りの検索結果が得られるとは限らない。
　今日では、大手のネット通販の企業や携帯電話のキャリア企業が自社製の検索システムとNDCなどによる検索システムを研究しつつある。蓄積された資料組織技術の成果が最先端の分野に応用される例である。「情報資源組織論」はそうした可能性につながる科目と考える。

（常世田良）

Question 1　（下の各問題に50字以内で答えなさい）
(1)図書館における間接サービスとは何ですか。
(2)この科目の戦後日本における変遷について記しなさい。
(3)ブラウジングとは図書館用語としてどんな意味ですか。

第2章　目録の役割と種類

　閲覧中、貸出中の資料は書架上にない。また辞典類、視聴覚メディア資料、閉架資料（書庫配架）などは、その館の一般の分類システムから想定されるような配架場所にない。開架書架の知識では見つけられない"別置"資料にアクセスするには目録での検索を経て所在位置を確認することが必要である。

　図書館目録の検索者は目録、現代ではコンピュータのオンライン目録、OPAC（Online Public Access Catalog：第1章コラム1参照）によって、ほかの図書館の所蔵する資料を検索し、ILL（図書館間協力）で利用することもできる。目録技術は分類技術と合わせ今日的には情報資源組織化技術と呼ばれ一館を超えて通用している。またWebを通じて共用する。これらは書誌コントロール（書誌調整）という概念で把握されている。またメタデータ（第8章）などの領域でインターネットの基盤的な役割をする。なお、配架については第6章で説明する。

1　目録の役割

　利用者は開架書架で直接図書館資料に接することができるが、求める資料が所蔵されているか、どの書架にあるかを確認するには、図書館目録（以下、「目録」という）が不可欠である。

　ここでは図書館が備える「目録」の基本的な役割を説明する。今日、目録はコンピュータ目録（OPAC）に移行している。だが、こうしたコンピュータ目録の技術の大半は、前の世代、カード目録時代に築かれ、形成されている。本章ではカード目録とコンピュータ目録を対比しながら解説する。

1.1　目録の意義

資料は通常、書架上に分類記号順に配列されており、タイトルや著者名からの検索は書架上ではできない。タイトルや著者名による検索を可能にしておかなければならない。その検索は、目録を備えることによってはじめて実現する。分類など主題からの検索も記号順配列の書架に向かうだけでは十分にはできない。目録においても分類検索を行えるよう、コトバで主題を検索できる件名目録が必要である。主題の検索でも目録の助けが必要となる。後に詳述する。

1.2　目録の定義

"目録"は図書館の関係では資料所蔵と直結した用語である。それは前記のとおり"図書館目録"を簡略化した用語である。"目録"という語には"本物に代わる記録"という意味合いがある。目録は資料本体に代わる記録であり、その意味で図書館界の専門用語"目録"は、一般社会の"目録"に通じるといえよう。

② 目録以外の各種ツール
――書誌、索引など――

2.1　書誌――目録とどう異なるか

目録（catalog）は書誌（bibliography）の一種である。タイトル、著者名、版、出版者、形態など書誌的事項を記して個々の図書・資料など本体に導く記入（またはそれらの集合）という点で書誌と目録の機能は共通である。書誌に対して目録の特性は、所蔵記録（配架場所）が付記される点にある。目録以外の書誌の代表例は、文献リストである。これは"○○文献目録"などのタイトルで刊行されることが多い。しかし"文献目録"の類は図書館界では"書誌"と位置づけている。目録の記録法は目録規則などによって標準化されているが、書誌一般に適用すべきとされる厳しい規則はない。"書誌"の英語形である"bibliography"は、論述の章末などに付される参考・引用文献の包括的な見出しともなる語である。なお"bibliography"は、"書誌学"の意味をももつ。

2.2 索引——目録や書誌とどう違うか

目録（catalog）は、利用者の要求を図書・資料に結び付けるツールである。目録や書誌は記録対象それぞれの、簡略ながら全貌を示す記録の集合体である。特に目録は各図書の情報を伝え所在箇所へ利用者を導く役割を有する。

これに比べて索引は、文中の要語などキーワードを見出（索引）語として知識の所載個所に導く、一種の辞書としての働きをもつ。キーワード（索引語）を編成システム（たとえば五十音順）に配列し、目的本体（図書など）の所定箇所に導くことを機能としている。目録や書誌も、この意味で、索引の一種といえる。ただし、目録・書誌でない索引では、キーワードの下に示される所在指示が所載ページの表示にとどまることが多い。

索引の代表的な例は、個々の図書の末尾に付された巻末索引である。当該図書内の中心的な事項、人名などを抽出して、①見出し（索引項目）とし、②個々の索引項目に所載ページ（所在指示）を付し、一定の順序（五十音順など）に配列し、本文の該当箇所へ導くかたちが代表的である。一つの索引項目の見出し語の下に複数箇所への所在指示がある場合、通常、記号の序列順に所在指示を列挙する平板なかたちがとられる。ただし見出しに観点や関係性を付記することによって同一項目を区分し、細分化することができる。そうした索引を相関索引（relative index）という。『日本十進分類法』（NDC）にその例を示す（第6章第2節2.3参照）。

3 目録の種類

3.1 目録の種類の整理

目録の種類は、その種類の建て方自身に種別がある。下記のように整理する。

[A] 経営主体別種別（.1 個別館の目録　.2 総合・共同目録）

[B] 運用上からみた種別（.1 閲覧目録　.2 事務用目録）

[C] 形態別種別（.1 冊子目録　.2 カード目録　.3 コンピュータ目録）

[D] 機能別種別（.1 タイトル目録.2 著者名目録.3 件名目録.4 分類目録.5 マル

第2章 目録の役割と種類

チアクセス目録［※コンピュータ目録の場合］)

　これらの種別は相互に入り組んでおり、直線的には説明しにくい。そこで次に示す図で理解することとする。

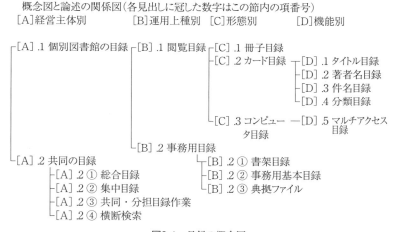

図2.1　目録の概念図

3.2　目録の種類

［A］経営主体別種別

　次の種別となる。

　　［A］.1 個別図書館（個別館）の所蔵目録

　　［A］.2 共同の目録

　　　［A］.2①総合目録

　　　［A］.2②集中目録

　　　［A］.2③複数館と共同・分担目録作業で形成する総合目録

　　　［A］.2④横断検索（各館の目録をWeb上で横断的に検索する方法）

　上記のうち、「［A］経営主体別種別：［A］.1個別館の目録を軸に目録」の機能を種類別に考察する。

［A］.1　個別図書館（個別館）の目録
　　個別館の目録は、目録の原型であり、その後の進展の元となっている。
　　既述のように、［A］.1個別館の目録によって目録の種別、［B］運用上からみた種別、以下の目録の種別を概説する（.1 閲覧目録　.2 事務用目録）。

［A］.2　共同の目録
　　本章の［A］経営主体別.2共同の目録で詳述する（p.15）。

［B］運用上の種別
　　個別館の目録では閲覧（用）目録と事務用目録に分けて維持されてきた伝統がある。その前者を閲覧（用）目録、後者を事務用目録という。OPACなどの目録の機械化により、閲覧（用）目録と事務用目録を統合させて通常維持する。

［B］.1　閲覧目録（public catalog）
　　利用者向けの目録。閲覧目録または、閲覧用目録という。

［B］.2　事務用目録（official catalog）
　　図書館は永年にわたって、事務用目録と呼ばれる目録を整備し、運用していた。事務用目録は、大きく分けると下記の役割を持つ。

［B］.2①書架目録（shelf list）
　　配架順に配列された目録である。1資料1記入が原則で、書架の設営計画や分野別の蔵書構成の把握、さらには蔵書点検作業にも必要であった。

［B］.2②事務用基本目録
　　特定資料の重複受入をチェック、継続資料の把握、目録作業の記載法の統一などを行うための目録である。タイトルの五十音順配列が適していた。

[B].2③典拠ファイル（authority file）

　閲覧目録の整備、整合のために用いた事務用ファイル。著者名典拠録がある。

　著者標目の著者名のかたち（読みを含む）を決めるための著者名典拠ファイル、件名目録の件名のかたちを決めるための件名典拠ファイルがある。コンピュータ目録時代、目録データベースのサブシステムでの管理が進んでいる（詳細は第4章第2節2.2参照）。

　事務用目録は、時代的に閲覧目録よりも先に存在したと考えられる。"OPAC"が初期に"利用者公開端末"と訳されたのは、事務用目録中心時代の感覚によったと考えられる。データベースで全館の目録をまかなえる今日、事務用目録を閲覧目録と別に維持する必要はないであろう。

[C] 形態別種別

　閲覧目録につき、目録媒体の形態別種別を考察する。[C].1 冊子目録、[C].2 カード目録、[C].3 コンピュータ目録に分かれる。これまでもそれぞれの時代において、先進的な記録媒体を用いてきた。現代では、インターネット上に公開されたWeb-OPACが主流となっている。

[C].1　冊子目録

　冊子（体）形態の目録。一覧性があり、館外での検索利用が可能である。

　今日では年間増加目録として印刷製本されることも少ない。多くは分類目録のかたちで編成され、巻末または、別冊に、著者、タイトルの索引を備える必要がある。しかし、削除・訂正は困難である。更新による分冊化は、冊数分だけ検索する必要があり、配列上の一元性が失われ、検索が煩雑になる。

[C].2　カード目録

　資料のタイトルなどを記載したカード型の目録。カード単位で挿入・削除・訂正が容易である。こうした利点に基づき、19世紀末、標準目録カード（7.5×12.5cm）が成立した。これは当時米国のハガキのサイズであった。各国国立

図書館などの印刷カードが普及したこともあって広く用いられるようになった。しかし、一覧性に欠け、また収納するカードボックスを設置する広い場所が必要であるなど、配列・カードの繰り込みに手間と人手がかかる弱点がある。こうした結果20世紀末にはコンピュータ目録にとってかわられた。

[C].3 コンピュータ目録

　コンピュータによって検索する目録。デジタルデータによって作成されていることもあり、各資料のタイトルなど書誌事項の削除・訂正が容易である。その目録作成はMARC利用や、分担目録作業、書誌ユーティリティへの加入など環境面が向上している。現代では、オンライン型（Online public access catalog：OPAC）での運用が通常であり、インターネットを通じた図書館外からの検索も可能である。トランケーションなどの中間一致検索、複合検索などが可能で、検索も迅速である。さらに配列作業が不要となる利点もある。

[D] 機能別種別——検索のキーは何か

　機能別目録については、〈カード目録の場合〉と〈コンピュータの場合〉に分けて考察する。カード目録について考察する理由は、これがコンピュータ目録にも及ぶ本質的な機能別目録の原理を提供しているからである

〈カード目録の場合〉

　検索のための標目別に種別がある。
　　[D].1　タイトル目録
　　[D].2　著者目録
　加えて、主題検索に係る目録を編成、維持してきた。下記2種の目録である。
　　[D].3　件名目録
　　[D].4　分類目録
　なお、[D].1と[D].2を合併した目録を著者・タイトル目録、[D].1 [D].2 [D].3を合併した目録を辞書体目録と呼んだ。

〈コンピュータ目録の場合〉
　[D].5　マルチアクセス目録
　コンピュータ目録の場合、検索画面でタイトル、著者、件名、分類、その他の検索項目の枠組みで検索キーを入力、検索させる。したがって各標目別に目録を編成する必要はない。カード目録のように標目ごとの目録編成は不要であり、多くがマルチアクセスのかたちをとる。

[A]　経営主体別種別　[A].2　共同の目録
　経営主体別のもう一つの典型的な目録として共同の目録がある。
　複数図書館を包括する目録として、公開の共同、目録データの共同入力・管理、サイトの共同運営の目録がある。

[A].2①総合目録（union catalog）〈公開の共同〉
　共同公開のタイプである。ほかの図書館の所蔵資料の利用、図書館間相互貸借（ILL）のために有用である。郷土資料総合目録などがそれで、冊子目録型のものが少なくない。Web上のものも多く出現してきている。
　なお union catalog の訳語としては"連合目録"の方が良いともいわれる。

[A].2②集中目録（作業）（centralized cataloging）〈書誌データの共同使用〉
　限定された書誌作成機関が、集中的に書誌的記録の作成を担うこと。とりわけ、納本機能をもつ日本の国立国会図書館（National Diet Library：NDL）や、米国議会図書館（Library of Congress：LC）は印刷カードの頒布事業の作業を実施していた。日本の場合、NDLのほか、書籍の流通業者が印刷カードを作成した。コンピュータ時代に入り、集中目録作業は機械可読目録、すなわちMARC（MAchine Readable Cataloging）に移行した。

[A].2③共同・分担目録（作業）（shared cataloging）〈目録データの共同〉
　日本の書誌ユーティリティは東京大学に拠点を置いて始動した（1984年）。

15

これは、後に国立の共同機関、学術情報センターシステム（National Center for Science and Information System：NACSIS, 1986年）として公開された。その軸となる書誌作成及び目録共同事業（NACSIS-CAT）は、最もスピーディに入力した館の確かなデータを核とする。なお NACSIS-CAT などにおける"CAT"は CATalog の略である。これは、分担目録作業と呼ばれる。全参加館を包含した総合目録を形成し、図書館間相互貸借（ILL）システム（NACSIS-ILL）に発展、Webcat を運営し、2000年、国立情報学研究所（National Institute of Informatics：NII）に改組され、大公共図書館の加入を認めた。2015年3月31日現在、総計1,263館が参加し（131の海外の図書館を含む）、CiNii-Books（Webcat は、Webcat Plus を経て2011年 CiNii-Books に名称を変更した）として一般の情報検索にも供されている。

　世界的な書誌ユーティリィティとしては、1967年オハイオ州と隣接州の大学図書館のオンライン共同目録システムを開始した OCLC（Ohio College Library Center。後に Online Computer Library Center, Inc. 更に Oclc Inc. と改称）が有名である。1971年に館種を越えた書誌ユーティリティとなって以後第4章2.2で述べるように WLN、RLIN など有力組織を吸収し、世界最大となった。

[A].2④横断検索〈検索サイトの共同〉

　各館における図書館目録の OPAC 導入が進むにつれて、インターネット上の Web で公開する図書館が増加している。これが、Web-OPAC である。各個別図書館の OPAC の稼動システムは書誌ユーティリティを通さない場合、同一性が期待できない。こうした異なる検索式のうち一定範囲に収まるものを、一括して検索できるようシステム化したものが横断検索システムである。日本では2004年、国立国会図書館（NDL）を基盤として、都道府県立、その他公共図書館の横断検索を実現した"ゆにかねっと"がある。これはその後"NDLサーチ"で検索できるようになっている。

第2章　目録の役割と種類

■□コラム2□■

OPACって何だろう

　OPAC（Online Public Access Catalog）はオパックまたはオーパックと読み、原則、個々の図書館の利用者用オンライン閲覧目録を意味する。ホームページにOPACを公開している図書館もある。これをWebOPAC、またはWeb版OPACと呼ぶ。OPACの検索は標準的にはキーボードで行うが、公共図書館ではコンピュータに不慣れな利用者でも検索できるようタッチパネル方式にしている館も多い。これらOPACのレイアウトや機能は、採用システムやバージョンにより図書館ごとに異なる。

　OPACで検索できる目録データをMARC（MAchine Readable Cataloging：本章コラム2.2参照）レコードという。MARCレコードを直接入力で作成している図書館もあるが、一般に、地域資料など外部MARCがない資料以外は、民間流通MARCやJAPAN／MARCをダウンロードし、登録番号、配架場所などのローカルデータを付与して自館のデータとしている。以上のサービス、作業のいずれの次元でも、司書には情報資源組織化に関する技術・知識及び判断力が問われるであろう。

（杉山誠司）

Question 2　（下の各問題に50字以内で答えなさい）

(1)形態別で見た場合の目録の種別にどのようなものがあるか、列挙しなさい。

(2)共同の目録について説明しなさい。

(3)横断検索とはどういうことでしょう。

第3章　目録記入の構成

　目録は所蔵資料の記録を、個々に記した多数の目録記入（略して"記入"という）によって構成される。目録と"記入"の関係は、全体と個別、"目録"がファイルであるとすると、"記入"はそのうちの個々のレコードである。
　"記入"は、いくつかの要素で構成される。次に"記入"について説明する。

1　記入（entry）とその構造

　"記入"は情報資源の記録、つまり識別にそなえた代替物である。図書館用語としての"記入"は"記入する"という一般用語と異なる。そこで、ここまで"記入"と「""」引用符つきで表してきたが、単に記入とする。
　記入は英語型で Entry といい、記録対象の中心データ＝記述（書誌事項）と所在記号などによって構成される。カード目録では、標目と標目指示が加わる。コンピュータ目録は、検索したものを表示するので、検索語としての標目は記入上にその都度表示する必要がない。実際上、記述（書誌事項）が中心であり、このことから、記入に代えて"書誌的記録"（書誌レコード）との表現がとられる。書誌的記録を構成するデータは、"MARC レコード"と称される。

1.1　記述（description）

　記入内の中心的な記事（書誌的記録）を"記述"と呼ぶ。正式には"書誌記述"である。"記述"内の事項は書誌的事項と呼ばれ、その資料をほかの資料と識別させるために必要なタイトル（書名）、責任表示（著者など）、出版、形態などに関する事項で構成される。書誌的事項は、利用者が簡便に識別できるか

たちで表示される。こうした記述として、国際的には、1971年に始まる「国際標準書誌記述」(International Standard Bibliographic Description：ISBD) がある。我が国では現在『日本目録規則』(Nippon Cataloging Rules：NCR) 1987年版改訂3版 (NCR1987ⅢR (2006年刊)) がその機能を果たしている。

1.2　標目 (access point)

標目は、記入の見出しとなる語や記号、見出し語で、カード目録の場合、標目指示にしたがって記入の最上部に記載する。コンピュータ目録では、標目は、アクセス・ポイントと呼ばれる。欧米流の目録規則の下で基本記入の標目が記載される以外、原則的に画面上に表示されることはない。

1.3　標目指示 (tracing)

記述に付属してカード目録の場合、与えるべき標目を標目指示として記される。標目指示は当該の記入がもっている全標目データを示す機能（トレーシング）を果たす。カード目録作成では、目録担当者と標目を付与する担当者が異なることが多く、作業的に標目指示を必要とした。コンピュータ目録では、直接アクセス・ポイントを入力するので、標目指示を必要としない。設定されているアクセス・ポイントを跡づけるもの (traceing) と見ることもできる。

1.4　所在記号 (location mark)・請求記号 (call number)

図書館資料の配架場所を示す記号のことである。資料に付けられたラベル上の分類記号・図書記号・巻冊記号などが含まれ、利用者が書庫の資料の出納を請求するときに用いられたので請求記号といわれた。開架書架が主体の現代、所在記号は利用者自身が足を運ぶ書架の所在位置を示す記号である。通常、分類記号に図書記号など補助の記号が組み合わせられる（第6章1.1(5)参照）。

2　標目と目録の種類

　ここで上記のうち、＜標目＞について目録の関係を少し詳しく追っておく。
　「記述」は第7章第5節、「所在記号」は第6章第4節で説明する。
　標目は、目録記入（記入）の見出しとなる言葉や記号、見出し語のことである。カード目録の場合、記入の最上部に記載され、目録内各記入の配列位置を決する配列単位となる。MARC（マーク、機械可読目録）ではアクセス・ポイント（access point）と呼ばれる。"アクセス・ポイント"は、標目が検索語・索引語であることを意味する表現である。1978年発行の『英米目録規則第2版』（Anglo-American Catloguing Rules, 2nd ed.：AACR2）などが「標目」とともに「アクセス・ポイント」を用いる。『日本目録規則』1987年版改訂3版（NCR1987ⅢR）は、この概念を「標目」との語で表している。

2.1　標目の機能、目録との関係

　標目となるものは通常、タイトル（書名など）、著者名、件名、分類記号（補助のコトバや記号を含む）である。それぞれ、タイトル標目、著者標目、件名標目、分類標目と呼ばれる。件名標目と分類標目は、主題標目と一括して表現される。タイトルを標目とした記入はタイトル記入、著者を標目とした記入は著者記入、分類記号などを標目とした記入は分類記入、件名を標目とした記入は件名記入と呼ばれる。
　目録記入を集めたものが目録である。記入を各種・個別に配列した目録を個別目録と称する。タイトル目録、著者目録、件名目録、分類目録がそれである。複数種別の記入を合体した目録は複合目録と称される。複合目録には、タイトル記入と著者記入を混合したタイトル・著者目録、タイトル記入・著者記入・件名記入を混合した辞書体目録がある。
(1)カード目録及び冊子目録の場合
　カード目録では、それぞれの標目を記入の見出しとして表示する。カード目

第3章 目録記入の構成

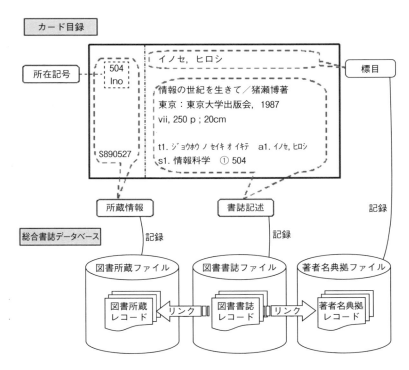

図3.1 カード目録と総合書誌データベース

録より前から存在する目録形態として冊子(体)目録があり、特定目的の目録がこの形態で印刷・刊行されることがある。この目録形態の下では、1記録対象に対して1記入を配する。この記入の標目には、その資料を代表する著者が採られることが多い(図3.1参照)。

"記入"、特にカード目録系の記入で用いられた標目に関して、記述に付属した「標目指示」が記される。この名称(NCR1987諸版における)は、当該記録資料について作成すべき記入、つまりその記入の標目(のかたち)を指示するという事務上の目的に由来している。これを英語(系の目録規則)では tracing (トレーシング)という。その表現は、当該記録対象に関して目録内にどのような記入(標目)が存するかを跡づけ、図書館事務上のみならず検索上の参考と

なることを含意している。

(2)コンピュータ目録の場合

大抵の図書館は、オンライン目録における閲覧目録 OPAC を利用者に提供している。OPAC の検索においては、目録の記述のどの部分を採ってもできるようになり、従来のカード目録の標目以上の検索を可能にしている。

たとえばタイトル中のキーワード（任意の語）による検索が可能である。それはあたかも主題の検索のように利用される。しかし、キーワード検索では、たまたま記入内にある語、非統制語（自由語）またはその部分による検索が一般的であり、主題検索的機能の精度は高くない。そこで従来、主題からの検索として用意されていた件名検索（件名目録）の活用が考えられる。ただ件名目録は件名（統制語）で検索されるが、件名のツールとなる標目表内の標目（統制語）が孤立的であり、複合概念については事前に結合されている場合のみ複合検索が可能な事前結合方式にとどまっている。検索上で掛け合わせる事後結合方式（シソーラス）として完成域に達していない。つまり件名目録の場合、事後検索システムが実現できていない（図3.1参照）。

2.2　標目の機能

標目の機能には下記のものがある。

(1)検索性

目録検索の手がかりとなるアクセス・ポイントは標目である。タイトル標目、著者標目、件名標目、分類標目などである。なお、分類標目とは、資料の主題または形式を記号で表わす分類記号を記入の標目としたものである。

(2)集中性（集中機能）

標目のもつ機能の一つである集中性とは、同種の記入を目録中で集めるということである。例えば、『宝島』の著者ロバート・ルイス・スティーヴンソン

は、R.L. スティヴンソン、スティーブンソン、スティーブンスンなどと図書によって表示が異なる。これらをそれぞれそのまま標目にすると、同一著者の図書が目録中で散在してしまい検索が不便となる。そこで同一著者に関し最適の表現を〈統一標目〉とし、その下にこの著者の全著作が集中するようにする。無著者名古典や音楽作品などのように、資料によってタイトルの表示が異なっているときは、統一タイトルを用いて同一作品を集中する。以上のような作業を〈典拠コントロール〉という。

(3)排他性

集中性の裏返しで、標目はたとえ同一表現であっても同名異人であれば、それぞれを分離する必要がある。例えば、〈大島清〉には、異なる分野で活躍の同名異人がいる。この場合、生没年、職業、専攻分野などを付し区別する必要がある。

(4)統一性

2.2の(1)〜(3)に関して統一標目を決定する。その際に、三つの基本的側面を確認しなければならない。①人名・団体名、名称の選択、②その表示形の選択、③記録要素の選択である。さまざまな実体に備えて目録規則が定められている。統一標目は、個々の図書館で決めるよりも、標準的な基準に基づいて定めることが望ましい。日本における標準としては『国立国会図書館著者名典拠録：明治以降日本人名』が代表的であり、その第2版が1991年6分冊で刊行され、その後 CD-ROM 版が出されている。

(5)配列性

標目が目録中で、記入の配列位置を決定する。これは図書館員が目録を配列・編成して、利用者の検索に備える作業の目安となる。日本の場合、表意文字である読みの漢字を使用しているため、通常は漢字そのものでは配列せず、表音文字である片仮名もしくはローマ字によって配列する。

2.3 標目の種類

　標目は、目録記入に対する検索の手がかり（アクセス・ポイント）である。同時にそれは、目録記入が目録内で配列される第一の要素となる。利用者は、標目を手がかり、キーとして目録を検索する。

　著者をキーとする検索は、著者目録における著者標目を対象に行う。著者標目となる著者の名は、一つの表現、統一標目として当該図書館における著者名典拠ファイル内で管理される。こうした管理処理を典拠コントロールという。採用されなかったかたちから統一標目への導きは"参照"をもって行われる。コンピュータ目録の場合この"参照"は自動、つまり"自動参照"として機能させられる（本章第2節2.4を参照）。

　件名をキーとする検索は、件名目録における件名標目を対象に行う。件名標目は、その館の採用する件名標目表に基づいて決定される。件名は、一意一語の統一標目として件名典拠ファイル内で典拠コントロールされる。件名標目の"参照"に関しては、著者標目の場合と同様の機能が設けられる。コンピュータ目録の場合、"自動参照"システムが採られる。この点も上記で述べたように、著者の場合と同様である。

　分類をキーとする検索は、分類目録における分類標目を対象に行う。分類標目となる記号は、その館の採用する分類表にしたがって決定される。

　タイトルからの検索は、記述中のタイトルを標目として行う。コンピュータ目録では部分検索、キーワード検索、国際標準図書番号（International Standard Book Number：ISBN）、国際標準逐次刊行物番号（International Standard Serial Number：ISSN）、米国議会図書館（The Library of Congress：LC）の著作権登録番号LCナンバーなどによる検索にまで広がった。

(1)著者標目

　著作の知的もしくは芸術的内容の創造ないしは具現（演奏などを含む）に責任を有するか寄与するところのある個人または団体。通常、各個人、各団体は固定の表現、統一標目で表し、ほかの表現はこの統一標目へ"参照"するかたち

が採られる。

　標目のなかで特異なレベルにあるのが基本記入標目（基本標目）である。これは、記入の冒頭に記載される第一の著者、個人（あるいはそれに代わる見出し）である。1記録対象資料に関して唯一の記入を作成する単一記入の目録、歴史的には冊子目録にはじまるが、1記録対象資料に関して多元の記入を作成（提示）するカード目録レベル、さらにコンピュータ目録時代となって以後も、当該1記録対象に関する各種記入の冒頭に第一の著者（あるいはそれに代わるタイトルなど）を表示する方式が残った。『英米目録規則』（AACR）など西洋の目録規則上の原則がそれである。なおNCR1987諸版はこの基本記入方式を原則とせず、非基本記入方式と通称される方式を採っている。

(2)タイトル標目
　記述対象資料に付けられている名称。資料が同定識別される固有の名称をいう。古典著作などに関して統一タイトルが用いられることがある。

(3)主題標目
　それぞれの資料が含む最も中心的な思想内容（テーマ）や主題を簡明な用語で表現したものが件名、体系上の記号で表したものが分類（分類記号）である。

2.4　典拠ファイル（典拠コントロール）

(1)典拠ファイル
　統一標目を維持管理するために典拠ファイル（Authority File）がある。典拠録ともいう。著者標目として採用した個人名、団体名などのための著者名典拠ファイルと件名標目として採用の件名のための件名典拠ファイルがある。これらは原則、図書館個々で構成するが、共通的典拠録もある。
　典拠ファイルには統一標目を維持管理するためのもので、著者名や件名などの統一標目の形と読み、典拠とした参考資料名、採用しなかった名称からの参照、"を見よ参照"、"をも見よ参照"などを記録する。目録作業と並行して典

拠ファイルを管理することで、標目の統制が可能となる。コンピュータ処理されている場合は、自動的な変換で標目統一をはかることが可能である。

①著者名典拠ファイル

　著者名典拠ファイルは、個人や団体の統一標目をファイルしたもので、団体名を含む場合、名称典拠ファイルということがある。典拠ファイルとして典型的な存在である。ほかの著者と識別するための情報（生没年や職業・専攻・著作分野など）、その標目形を採るための根拠とした資料のタイトルなどの情報を記録しておく。このファイルを管理・維持することによって、ある特定の著者の著作が目録のなかで集中される。また図書館員が同じ著者の著作の目録作成のたびに標目のかたちを判断、決定する時間・労力を節約することができる。

　団体の創立年・法人格付与の年・名称変更・他団体との連合関係などを記して団体標目の統一をはかる。個人名と混合する場合"名称典拠ファイル"団体だけを集めた場合、〈団体（沿革）ファイル〉ということがある。

　一人の著者が複数の名前をもっている場合がある。有名なところでは、中島梓と栗本薫の例がある。小説を書く場合と文芸評論を書く場合に、意識的に名前を分けて執筆している。ペンネームや日本流にいうと雅号をもっている作者は多い。日本人名は比較的簡易であるが、外国人の名には複雑なものが多い。J.F.ケネディなのか、ジョン・フィッツジェラルド・ケネディなのか。日本の図書館では、日本語の訳した名前を採用するのかJohn Fitzgerald Kennedyという原綴りを採るのかという問題もある。現在欧米の目録規則では最も著名な名前を標目形にしている（例：Kennedy, John F.）。

②件名典拠ファイル

　件名標目の典拠ファイルについては、第5章第2節で解説している。

③タイトル典拠ファイル（統一タイトル典拠ファイル）

　タイトルは通常、統一せず出版上用いられた表現をもってタイトル標目とす

る。しかし、無著者名古典などに関しては統一タイトルを採用することが多く、それを統一するための典拠ファイルがタイトル典拠ファイルである。

統一タイトルの参考となるものにNCR1987ⅢR「付録4　無著者名古典・聖典統一標目表」がある。

(2)典拠コントロール

統一標目を制御するシステム（authority control）。目録作成時、典拠ファイルとして管理している標目形とリンクすることにより制御している。

典拠コントロールは、その方式にもとづいて大別できる。

①個々の館（組織）における典拠コントロール

②標準的な書誌管理機関における典拠コントロール

一般に標準的な書誌管理機関における典拠コントロールを参考にしつつ、その館の典拠ファイルを形成するかたちがとられる。

標準的な書誌管理機関における典拠コントロールは大きく分けて二つある。

第一は、書誌ファイルと典拠ファイルを独立させ、それぞれ関連するレコードをリンクさせる方法である。

第二は、書誌レコードと典拠レコードをリンクせず別個に管理し、目録作業や検索の際に標目の確認のために典拠情報を参照させる方法である。

書誌ユーティリティが典拠コントロールを行う意義は、参加館が典拠データを共有することにより総合目録データベースとしてのデータの一貫性を保持すること、それにより高度で効果的な検索機能を提供し得ること、さらにデータベース中のデータの重複を避けることができることである。またこの典拠コントロールの問題は、歴史的にはAACRからAACR2への目録規則の変更に伴ってクローズアップされた初版のように、目録規則の変更、とりわけ標目の変更に容易に対処できる効果も大きい。

このような理由によって国立国会図書館（NDL）は2012年からNDL-OPAC、さらにはNDLサーチにおいて、同館の典拠ファイルが活用できるよう図っている。国際的には、VIAF（本章コラム3参照）が活用期に入っている。

2.5　目録システムにおける"参照"

　目録は各標目によって導かれる多数の記録、"記入"によって成り立つが、そこには"記入"のほかに"参照"がある。"参照"は"標目"を補佐する。

　参照には、その目録体系中には用いていない標目から、採用している該当標目へ〈○○を見よ〉というかたちで指示されるものを"直接参照"または"を見よ参照"(see reference)といい、目録中に関連標目が存在することを示す"をも見よ参照"(see also reference)がある。別称、"連結参照"、"相互参照"。そのほか"一般参照"、"を見よあり参照"などがある。

　分類参照では、「を見よ参照」を件名索引によって指示するという方策をとり、これを作成しないという方策もありうる。件名索引手法として顕著なものにS.R.ランガナタンによる連鎖索引（Chain Indexing）システムがある。

③　目録システムにおける"記述"

　ある特定の資料がもつタイトルや著者名、出版社や出版年など、一連の書誌的事項を記録したものを「書誌記述」（または、単に「記述」）という。記入の本体である記述は、ほかの資料との同定識別という役割を果たす。ここではその記述の役割を理解すべく、記述の基本的な考え方を述べる。

　記述の内容とその記録方法は、その国の標準目録規則で定められている。日本の図書館ではNCR1987諸版が、アメリカ・イギリス・カナダなど英語圏の図書館ではAACR2が採用されているが、これら標準目録規則における記述部分の規則は、基本的に国際標準書誌記述（ISBD）（第7章参照）で定められた枠組みと内容にしたがっている。国内における書誌情報の共有化と、その国際的な流通・交換のためには、国内のみならず国際レベルでの記述方法の統一と標準化が不可欠だからである。

第3章　目録記入の構成

■□コラム3□■

VIAF

　VIAF（バーチャル国際典拠ファイル：Virtual International Authority File）とは、「各国の書誌作成機関等が作成した典拠ファイルの標目形（著者名、タイトル、件名）を相互にリンクさせることによって、世界規模での典拠コントロールを実現しようとする試みである。」（鈴木智之「バーチャル国際典拠ファイル：その試みと可能性」『カレントアウェアネス』No. 280, 2004.06.20〈http://current.ndl.go.jp/ca1521〉）。各国の作成した複数の典拠レコードを一つに統合するというのではなく、リンクによる共有というコンセプトをもつ。

　1990年代後半以後、典拠ファイルの共同構築・共同利用に世界は取り組んできた。2003年より、米国議会図書館、ドイツ国立図書館、フランス国立図書館と OCLC が VIAF プロジェクトを進めていたが、2012年から OCLC へ移管、OCLC が提供するサービスとなった。

　この計画では著者名を中心とする名称典拠について、それぞれの典拠ファイルで用いられる言語や文字、形式による標目形を単純に統一（例えば日本人なら日本語形を優先）するのではなく、各典拠レコードを相互リンクで結び付け、その結果、書誌作成機関は各々の言語・文字・形式による典拠レコードを保持したまま、ほかの機関との典拠情報の共有を行うことができることになる。日本においても、2012年に国立国会図書館はこれへの参加についての協定を締結した。

（前川和子）

Question 3　（下の各問題に50字以内で答えなさい）
(1)所在記号とは何ですか。
(2)記述とは、図書館学用語としてどういう意味ですか。
(3)標目とは何ですか。
(4)典拠コントロールとは何ですか。

第4章　書誌コントロールとその沿革

1　書誌コントロール

1.1　書誌コントロールの種類

　書誌コントロールという用語が図書館界で定着している。情報資源の発見・検索、1次資料の入手、組織化、提供と、図書館サービス全般の課題に及ぶ用語である。図書館情報学会編の『図書館情報学ハンドブック』第2版（1999年、p367）では、「資料を記述したもの（書誌）を流通させること」という説明がなされ、この書誌のもとの「資料を望むままに利用できるしくみ」を作ることとある。

　書誌コントロールには、様々なレベルがある。個別の図書館でも、情報資源の収集、組織化といった情報資源組織化活動が行われている。この個別館のレベルでの情報資源組織化活動を「単館レベルの書誌コントロール」と呼ぶ。

　ただ現代の図書館活動は、単館だけで利用者の情報・資料要求を満足させることはできない。単館を超えた活動を必要とする。ここに図書館間で連携した情報資源組織化活動を必要とする理由がある。この単館を超えた情報組織化活動を「複合レベルの書誌コントロール」と呼ぶ。

　さらにより広域の書誌コントロールがある。国際レベル、国レベル、地域レベルの各レベルのコントロールである。複合レベルの書誌コントロールには、大きく分けて二つの課題がある。第一は、書誌情報の網羅的な作成・流通に関わる課題である。第二は、書誌情報作成に関わる規則・規準の標準化、それに関わる活動の必要性である。

1.2　書誌コントロールの歴史——世界書誌の夢

　書誌コントロールという用語は第二次世界大戦後の米国において用いられ、その後情報関係領域で定着した。この用語が確立する以前の時期においては、記述書誌学（descriptive bibliography）、書誌編纂（systematic bibliography）、索引作業（indexing）、目録作成、あるいはドキュメンテーション（documentation）といった分野のもとに、実質的な書誌コントロールが志向されていた。

　書誌や目録編纂の歴史は、書籍とその流通や図書館の歴史とともに遡る。アレクサンドリア図書館などに見られる考古学遺跡から発掘された図書館の目録断片にそれがうかがえる。同館カリマコス館長は、西洋、中近東の万巻に及ぶと見られる書籍ピナケスを収集し、解説目録を作成したと伝えられる。これは「単位レベル」の書誌コントロールであり、萌芽的なものに過ぎないが、書誌コントロールの意識的な取り組みとして、1545年 C. ゲスナー（Conrad Gesner）の「世界書誌」（Bibliotheca universalis）の編纂がある。全欧的な書誌の編纂を目指し、ラテン語・ギリシャ語・ヘブライ語の著作を個人の力で集めた。

　国際レベルの書誌コントロールを目指す動きは、19世紀につながる。英国王立協会は、国際的な雑誌論文を対象として1867年から *Catalogue of Scientific Papers* の刊行をはじめた。世界中の学術文献の書誌情報把握の試みは、ベルギーの弁護士 P. オトレ（Paul Otlet）と H. ラ・フォンテーヌ（Henri la Fontaine）によって1895年創立された国際書誌学会（Institut international de bibliographie：IIB）の活動が頂点を極めた。記録媒体にカードを使用し、第一次世界大戦までに、IIB は欧米の主要な図書館の蔵書目録や、個人・団体・図書館が作成した目録からカードへ転写し、それを著者順と分類順の二本立てによるカード式の書誌システム（Répertoire bibliographique universel：RBU）を維持した。最盛期には1,200万枚のカードをカードボックスに配列したという。しかし、1930年代分類順の書誌の維持は困難となった。その書誌のために M. デューイ（Melvil Dewey）の十進分類法を改編、仏訳して、国際十進分類法（Classification decimal universel = Universal Decimal Classification：UDC）を刊行した。UDC は現代においても科学技術の分野で使用されている（第6章第2節2.2(2)①(ウ)参照）。

1.3 UBC、全国書誌

上記の先人たちの経験は、国際レベルの書誌コントロールは、一個人や一組織では不可能で、なんらかの社会的仕組みが必要という教訓をもたらした。

(1) UBC（universal bibliographic control）

UBC とは、各全国目録作成機関が、自国の新刊すべてを受け入れ、その目録データを準備し、その書誌レコードを他国に頒布する責務を負うことを求める国際的計画である。

1950年に開催されたユネスコの「書誌サービス改善に関する国際会議」は、国内書誌コントロールの機関の設立と、そこでの「全国書誌」（国内レベルでの書誌コントロール）の整備を勧告した。これをうけて国際図書館連盟（International Federation of Library Associations and Institutions：IFLA）などが、資料・情報の所蔵と提供サービスを国際的に協力する方針を確立した。1973年、国際図書館連盟は UBC を、ユネスコが推進すべきものと提案・議決した。「UBC」は国際書誌調整、世界書誌コントロール、国際（的）書誌コントロールなどと訳されている。UBC 準備事務局の提案・議決を受けて、1974年 IFLA 国際書誌調整事務局（IFLA International Office for UBC）が英国図書館に設置された。

(2) 全国書誌（national bibliography）

一国で発行される資料全般に関して、主に国立図書館などが法的責任をもって作成する書誌。目的は、その国内の出版情報への迅速、確実なアクセスを保障することにある。これを可能にする基盤が法定納本制度（legal deposit）である。

① 日本の全国書誌

日本で「国立図書館」機能を果たすものは国立国会図書館（NDL）である。網羅的収集の根拠規定が国立国会図書館法（1948年）にあり、その第24条「国の発行する出版物の納入」、24条の2「地方公共団体の発行する出版物の納入」、

第25条「前2条に規定する者以外が発行する出版物の納入」が根拠の条文である。この法定納本制度に基づく納本の記録（報告）として、1948年「納本月報」の発行が始まり、1981年に、国際標準フォーマット（Universal MARC Format：UNIMARC）に準拠した機械可読ファイル JAPAN/MARC が作られるとともに、上記の記録（報告）は「日本全国書誌」とのタイトルとなった。そして冊子体としては2007年3月まで、後続の CD-ROM 版（J-BISC）と並行して刊行された。2004年4月以降、冊子体での利用に代わり、Web の NDL、ホームページ版でこの関係の書誌情報提供が行なわれた。さらに NDL-OPAC を経て今日、NDL サーチ内に格納され、そこからダウンロードできるようになっている。

②欧米の全国書誌

世界的に見ると全国書誌の発刊は、1811年、フランスの全国書誌 Bibliographie de la France に始まる。19世紀末から、イタリア、ドイツ、ロシア・ソビエトでも開始された。英国では、1950年に「英国全国書誌」（British National Bibliography：BNB）が創刊された。

米国議会図書館（LC）は、米国・カナダの図書館の所蔵する資料の総合目録として、米国総合目録（National Union Catalog：NUC）を1956年に刊行している。なお、書誌データの MARC 化がなされたこともあり冊子体での刊行は終了している。

1.4　書誌コントロールのための目録原則

図書レベルの文献に関する国際的書誌コントロールが取り組まれたのは、国際図書館連盟（IFLA）の主催によって1961年に開かれた国際目録法原則会議（International Conference on Cataloguing Principles：ICCP）が最初である。その後は目録原則に関する取組は、国際標準書誌記述（ISBD）につながっていく。また、最近の目録原則の取り組みのための基本的考え方として「書誌レコードの機能要件」（Function Requirements for Bibliographic Records：FRBR）がとりくま

れている（詳細は第7章第3節(3)および第7章コラム7参照）。

2 集中目録作業、共同目録作業の沿革

　個別図書館の目録（書誌データ）の作成方法には次の二種がある。①自館で独自に作成するかたち、②外部の書誌データを利用するかたちである。今日、後者を主体に両者を併用するかたちが多い。外部書誌データの作成・提供に関するルートは、一般に、二つのパターンに分けられる。

　一つは、信頼できる書誌作成機関が書誌データを集中的に作成し、それを求める館に提供するサービスで、集中目録作業と呼ばれる。国際的には、国立中央図書館が背負う業務と理解される、

　あと一つに、複数図書館が相寄って目録、書誌データを作成しデータベース形成するシステムがある。システム参加のいずれかの館が作成・登録した書誌データを、メンバー中の参加館が自館のOPACなどにとり入れる。この一連の作業を共同目録作業または分担目録作業（shared cataloging）といい、その維持管理は書誌ユーティリティ（bibliographic utility）と呼ばれる組織が行う。

2.1　集中目録作業（centralized cataloging）

(1)印刷カード頒布

　集中目録作業は、米国で19世紀末、米国図書館協会（American Library Association：ALA）などが各館に配布した「印刷カード」に起源をもつ。1901年、米国の納本図書館である議会図書館（LC）がこの作業を総合した。"書誌情報入手に長じた組織がまとめて担うのが最適" と館長 G. H. パットナム（Putnam, George Herbert）が英断したものである。印刷カードの寸法は M. デューイが提唱した規格（縦75mm×横125mm、当時の米国のハガキの大きさ）である。そのサイズは世界共通の目録カードサイズ（標準カード）となり今日に至っている。

　なお LC は、1971年より著作権登録制度を伴う納本制度を活用して CIP（Cataloging in Publication Date）サービスも行ってきた。

第4章 書誌コントロールとその沿革

　日本では、国立国会図書館（NDL）が1950年に印刷カードの頒布事業（NDL印刷カード）を開始した。しかしその作成・頒布に時間が掛り、実用上支障が大きかった。こうしたなか1952年、日本図書館協会（Japan Library Association：JLA）が同種印刷カード（目録カード）の提供を含め、分類や装備など整理作業全般を引受けるかたちの「整理委託」を実行した。ここにおいて米国などとは逆に、印刷カードの乱立や書誌データの不統一が発生した。JLA も印刷カード頒布事業を実施していたが、運営難に陥り、1980年に当事業を図書館流通センター（TRC）に引き渡した。これに加え書籍取次業者の日販、大阪屋などが並行して参入した。業者による印刷カードは「民間カード」と称される。公共図書館の多くは、印刷カード（目録）の利用のみならず整理委託としてこの種サービスを受入れた。この「委託」は暫くの年月、無料だった。図書館にとって「おとく」だった。業者にとっては、再販売価格維持契約制度（定価販売制度）を転用した実質的な値引き販売、商策の一環だった。日本における書誌データの乱脈はここに始まったのである。

　1990年代初頭から目録は、カード系からコンピュータ系へ移行した。MARCと呼ばれる機械可読データ（ファイル）の頒布事業に中心が移行した。遂に米国議会図書館では1997年末、国立国会図書館では1998年3月末に印刷カード頒布事業を停止した。集中目録作業は、MARC 提供サービスに完全に移行した。

(2) MARC ファイル頒布

　MARC とは、MAchine Readable Catalog（機械可読式の目録・書誌データ）のことである。狭義には各国の国立中央図書館が構築する機械可読式書誌データである。MARC 構築の共通目的は、納本図書館として全国書誌を迅速に提供すること、正確な書誌情報を頒布することにあった。国立国会図書館は、1948年の設置以降、納本制度を有しており、日本で発行される図書を網羅的に入手し、それを記録する全国書誌の発行も行ってきた（「日本全国書誌」。当初は冊子刊行だったが、その後 Web 版が併せ刊行され2007年から Web 版のみとなっている）。MARC は、最も広義には機械可読式目録自体を指すが、本項では、上記の狭

35

義との中間として、公的に流通する電子的書誌データ、書誌データファイルとの意味において使用する。

① MARC21とUNIMARC

　米国議会図書館（LC）は1966年パイロット プロジェクトを経て、1969年MARC Ⅱフォーマット、LC/MARCを完成させた。その後、各国の国立中央図書館で、MARCの作成と頒布が相次いだ。1983年にLC/MARCは、全米的事業としてUS/MARCと改称する。MARCの開発当時は、流通媒体は磁気テープが主流であり、その利用には汎用機（メインフレーム）と呼ばれる大型コンピュータを必要とした。データフォーマットは書誌データを多様に表現しようとして可変長で複雑なものであり、その利用においてはコマンド操作などに面倒なマニュアルを必要とした。1970年、コンピュータは汎用機からPCに主流が移行した。メディアも磁気テープからCD・DVDなどの大容量化・簡便化、低価格化が進み、MARC利用は簡便となり普及した。

　1998年米国のUS/MARCとカナダのCAN/MARCが、フォーマットを統合しMARC21を完成させ、翌年から運用を開始した。その後2004年に、英国のUK/MARCが、2009年にドイツ国立図書館がフォーマットのMARC21への統合を表明した。さらに、日本（JAPAN/MARC）も2012年に使用文字コードをUFT-8（ユニコード）化して、MARC21にフォーマット移行した。

　一方、MARCの国際的な流通体制の整備も進んだ。1977年国際図書館連盟（IFLA）は、各国MARCの互換用標準フォーマットとしてUNIMARCを制定した。

　このフォーマットは、外形式として、情報交換用フォーマット（Format for Information Exchange）ISO2709を使用している（図4.1参照）。こうして国際的なMARC流通・利用体制は次第に整備されていった。

② JAPAN/MARC

　日本では印刷カード目録の基礎データに当たるMARCファイルが1978年に

第4章 書誌コントロールとその沿革

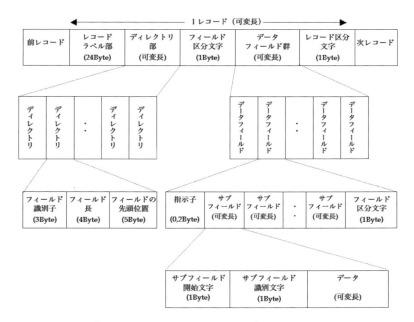

図4.1 JAPAN/MARC UNIMARC版フォーマット
http://warp.da.ndl.go.jp/info:ndljp/pid/287276/www.ndl.go.jp/jp/library/data/ndlunimarc.pdf［参照：2013-09-28］）

001	000001518118	←レコード識別番号
020	81042437	←全国書誌番号
102$A	JP	←出版国コード：日本国
251$A	吉里吉里人	←本タイトル
551$A	キリキリジン	←タイトル標目カタカナ形
251$F	井上ひさし著	←責任表示
257$A	東京	←出版地
257$B	新潮社	←出版者
257$D	1981.8	←出版年
275$A	834p	←形態：資料の数量
275$B	20cm	←形態：資料の大きさ
275$E	7p	←形態：付属資料
650$A	井上、ひさし（1934-2010）	←個人著者標目
650$A	イノウエ、ヒサシ	←個人著者標目
685$A	KH191	←国立国会図書館分類表（NDLC）
677$A	913.6	←日本十新分類表（NDC（8））

図4.2 JAPAN／MARCレコード

開発され JAPAN/MARC（略称：J/MARC）と称した。フォーマット仕様は図4.1、図4.2のかたちであった。

　1981年、JAPAN/MARC の個別頒布が始まった。当初の MARC 頒布のメディアは磁気テープであった。その後、フォーマットの一部を簡便化させて CD-ROM 形態の J-BISC（Japan biblio disc）が発売された。1990年代に入り PC とメディアとして CD-ROM（後に DVD）の普及は、簡便さと高機能を実現してさらに低価格化も実現した。また、MARC データを即時にダウンロードでき、ローカルシステムでの利用を可能とするコンバージョンプログラムが、どの図書館パッケージシステムにも基本的に標準で備え得る環境が整備された。JAPAN/MARC の書誌データは日本の図書館界でも利用可能な状況となった。

　だが国立国会図書館による JAPAN/MARC 製作は作成頒布が遅い。そのため、印刷カードの場合同様、書籍取次販売会社などが、1970年代から MARC 類の作成、頒布を行った。これらを民間マーク（業者 MARC）と総称する。これにはトーハンの MARC（実際は、図書館向け小売商の立場をとる図書館流通センター〈TRC〉が製作）、日販の NS-MARC（ニッパンマーク）、大阪屋 MARC（OPL マーク）などがあり書誌データが不統一だった。1987年トーハンが主導し TRC MARC の書誌情報を JAPAN/MARC 仕様に変換するかたちで"標準［民間］MARC"の企画を進めた。2009年に TRC が書籍調達先をトーハンから日販に変更した。ここで書誌データ資源を失ったトーハンは国立国会図書館に鉾先を変え、同館主導での書誌データの標準化を訴えた。だが統一には至っていない。下記の理由によるであろう。

　流通（取次）業者から見れば、民間 MARC に作成するデータは、図書館の資料の選択・発注データとして用いられる。当然、納品用データ、図書館側の受入、目録・貸出用などの書誌データにつながるよう図られている。各業者が独自の書誌データを、迅速に作成することは商業的に上策である。JAPAN/MARC も迅速化の要請に応ずる体勢はある。しかし競争社会において、既成の書誌データ提供構造を破って JAPAN/MARC 依拠の方向へ転換を示す気配は一向にない。問題は、軽々に商策に乗った図書館界の側にある。招来した書

誌データの不統一状況は、総合目録形成上、書誌記述同定に困難を生じる。結果、日本の公共図書館界の総合目録は横断検索レベルで膠着し、図書館間協力（ILLサービス）においてそのまま活用ができない。複数の外部書誌データを入れる調整（本章コラム4参照）が必要であろう。

2.2 共同分担目録作業（shared cataloging）
(1)共同分担目録作業と書誌ユーティリティ

共同目録作業、分担目録作業とも呼ばれる。参加館（機関）のひとつがオリジナル（独自）に作成した書誌データを別の館が書誌データとしてコピーして、目録作成に利用することにある。その中核にあるのが書誌ユーティリティである。

所蔵参加館名を当該書誌データのもとに表示することで、総合目録を形成し図書館間協力（ILL）に資するものとなる。

(2) OCLCを中心にした米国の書誌ユーティリティ

1967年、オハイオ州内の大学図書館が、Ohio College Library Center（OCLC）を設立して、オンラインによる共同分担目録作業（shared cataloging）を開始した。後に、OCLCはOnline Computer Library Centerに正式名称を変え、今日ではOCLCを正式名称としている。オンラインによる共同分担目録作業は、パソコンなどがLANや通信回線を介してネットワークに接続された状態で、MARCレコードや参加機関の入力レコードを、共同で利用し目録を作成するシステムとして出発した。初期のMARC利用は汎用機（メインフレーム）と呼ばれる大型（巨額）コンピュータでしか利用ができず、共同でMARCを購入し各館の中小コンピュータでも利用できることはまさに時代に合ったシステムであった。なお、カード目録主流の時代には、共同分担目録作業の主要な製品として、州立図書館を含む参加館からのオーダーによる印刷カード目録の製品があったことは、記憶に留めたい。

北米を中心にした書誌ユーティリティは1980年代から1990年代初期に競合し、

活況を呈した。入念な典拠コントロールで知られていたWLN（Western Library Network）と、CJK（中国語・日本語・韓国語）データに優れた面が評価されていたRLG（米国研究図書館グループ＝Research Library Group）が運営していたRLIN（Research Libraries Information Network）があった。しかしいずれもOCLCに吸収合併された。

日本でも、私立大学図書館を中心に50に近い図書館が参加館となっていたUTLAS（トロント大学→A-G Canada）は1998年に実質的な活動を停止し、北米の書誌ユーティリティはOCLCの独占状態になった。OCLCが提供する書誌データ（このシステムをWorldCatという）は2013年5月4日には20億件の登録件数を超えた。世界最大の書誌データベースである。

OCLCはMARC21の改訂作業へ強力に関与し、書誌コントロールに関する課題に取り組んでいる。一方、米国議会図書館からもOCLCの書誌品質維持のプロジェクトに積極的に関わるなど、相互に堅固な協力関係が見受けられる。

(3)日本の書誌ユーティリティ――国立情報学研究所

日本の書誌ユーティリティとして国立情報学研究所（NII）が運営するCiNiiがある。その前身は学術情報システム（NACSIS）の「NACSIS-CAT」であり、現在において日本唯一の書誌ユーティリティである。その沿革は下記のとおりである。

1980年1月に学術審議会から「今後における学術情報システムの在り方について」が答申された。この中で、学術情報システムが構想された。1983年4月、東京大学内の情報図書館学研究センターを改組して、東京大学文献情報センターを設置した。1985年には大学共同機関文献情報センターとして独立したが、翌年学術情報センター（NACSIS）と名称を改めた。1984年（実質的には1986年）には、目録所在情報システムの運用（NACSIS-CATシステム）を開始した。このように、書誌ユーティリティとして、NACSISは、学術情報システムの目録所在システムに由来している（図4.3参照）。1992年4月、図書館間貸借（ILL：Inter-Library Loan）システムが開始した。同年インターネット・バックボーン（SI-

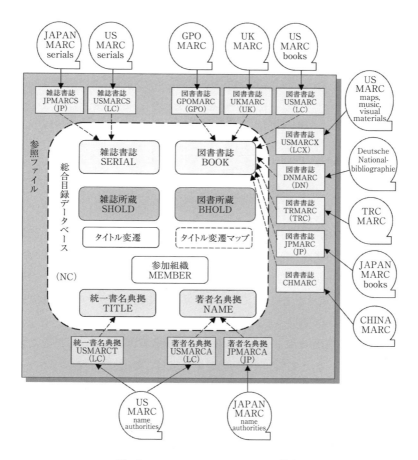

図4.3　NACSIS-CAT データベース構造

NET) の運用を無料で開始した。インターネットの普及直前での英断であった。

　通信料金の高さが、ネットワーク普及の大きな障害であったこの時期に、SINET の運用開始は大学図書館にとって福音であった。NACSIS-CAT は、SINET の無料運用もあり大学図書館における書誌ユーティリティとして急速に普及していった。1997年4月には、Web サイト上でデータベースの検索が可能な NACSIS Webcat（ナクシス ウェブキャット）のサービス開始に繋がった。

表4.1　NACSIS-CAT 接続機関一覧（2012年3月31日現在）

機関種別	機関数
国立大学	86
公立大学	82
私立大学	569
短期大学	115
高等専門学校	53
大学共同利用機関	14
海外機関	131
その他	208
合計	1,258

（出典）http://www.nii.ac.jp/CAT-ILL/archive/stats/cat/org.html,（参照2013-11-28）．

　2000年 NACSIS は、国立情報学研究所（NII）にその組織、名称を変えた。2011年このNACSIS Webcat は、CiNii-Books と名称変更した。NASIS-CAT、CiNii-Books は、書誌共有型のオンライン共同・分担目録作業のための書誌ユーティリティである。NCR1987諸版は、NASIS-CAT の目録規則としても適合度が極めて高い。それは NACSIS-CAT の総合目録データベースの特徴として、書誌階層を取り入れ、多層の書誌構造を実現しているためである。ISBD のエレメントと ISBD 区切り記号を利用して書誌データをエンコーディングしている。エレメント名には NACSIS-CAT 独自の識別子が使われている。NACSIS-CAT のフォーマットは「学情フォーマット」とも呼ばれ MARC フォーマットと一線を画したフォーマットである（図4.3参照）。「学情」は「学術情報システム」の略称である。

　NACSIS-CAT のデータベース構造は、システム内に著者名典拠ファイルをもち、典拠コントロールを内蔵するシステムである。書誌ファイルは図書、雑誌で区分されているが、和洋のファイル区別はない。参照ファイルとして、外部 MARC も積極的に利用している。和図書では JAPAN/MARC や TRC MARC、洋図書では US/MARC や UK/MARC が導入されている。また、ドイツ MARC（DNMARC）、中国 MARC（CH MARC）、韓国 MARC（KOR MARC）も、それぞれの言語による資料処理のために導入されている。

第4章 書誌コントロールとその沿革

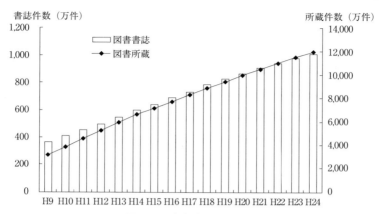

図4.4 図書書誌・所蔵の推移
(出所)http://www.nii.ac.jp/CAT-ILL/archive/stats/cat/transition_record.html,[参照日2013-11-28].

　NACSIS-CATの総合目録データベース（NC）の構造は、既存のMARCフォーマットとも書誌構造が大きく異なるため、MARCデータをNACSIS-CATの総合目録データベース（NC）に一括して取り込むことができない。それは、参照ファイルをNACSIS-CATの総合目録データベースで利用するには、該当する参照書誌ファイルから、NACSISの総合目録データベース（NCデータベース）に1件ごと参加館が流用入力する作業を必要とする。

　NACSIS-CATには、全国の大学機関などが加盟しており、その参加機関は、2012年度で1,258館、図書館所蔵登録累積件数は、1億1,500万件である（表4.1参照）。

　NACIS-CATの共同・分担目録作業の結果として、日本の大学図書館所蔵の総合目録が必然的に形成された。

　この総合目録をCiNii-Booksと呼んで、日本の大学図書館の総合所蔵目録として加盟館以外にも広くインターネットを介して公開している。さらに、この日本の大学図書館総合目録を背景にして、図書の現物貸借、雑誌記事の文献複写サービスを展開する図書館間相互貸借システム（NACSIS-ILL）をサブシステムとして運用している（図4.4参照）。

　NACSIS-CAT，NACSIS-ILL，CiNii-Books，CiNii-Articles（雑誌記事索引）

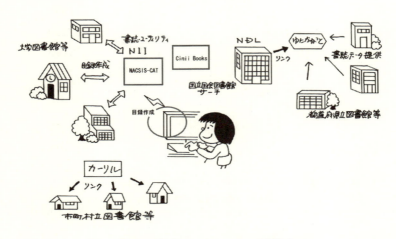

図4.5　書誌ユーティリティ・目録作成

の出現は日本の大学図書館におけるサービス状況を一変するものであった。またそれは公立大学図書館を基盤として一部の公立図書館に広がり、学術情報ネットワーク（Science Information NETwork：SINET）を形成している。

　これには、都道府県立図書館、政令指定都市立図書館の参加は可能であるが、それ以下の公共図書館を含む書誌ユーティリティは残念ながら日本では運営されていないのが実情である。

　県域を超えた「国立国会図書館総合目録ネットワーク」（ゆにかねっと）があるが、これは、相互貸借業務を目的とした国立国会図書館、公共図書館などにおける和図書の総合目録である。この総合目録は、参加館が所蔵する和図書の書誌データをまとめて国立国会図書館に送り、機械的な付き合わせ、同定によって総合目録を形成するものである。これは横断検索型の目録検索システムであるため、共同目録作成機能はない。「ゆにかねっと」は今では、NDLサーチで統合して検索できる。また民間のシステムであるカーリルがこれにリンクしている。

　NACSIS-CATは、学術図書館を視野に置き大学図書館を対象とした書誌デー

タ作成をメインとする組織であった。その後も公共図書館を視野に入れた整備には進んでいない。OCLC が多くの公共図書館にも門戸を開く政策をとってきたことと対照的である。また日本の中央図書館としての性格を有する国立国会図書館による、公共図書館に向けた書誌ユーティリティの設立や構想はない。また、国会図書館が、国立情報学研究所の NACSIS-CAT との連携を図り、公共図書館の書誌ユーティリティ利用を推進する積極的な取り組みもない。結果的に見れば日本の公共図書館にとって目録作成のための書誌ユーティリティは存在してない。目録作成環境整備は遅れているといわざるをえない。

また、国立国会図書館の JAPAN/MARC と NACSIS-CAT のフォーマット上の違いは、日本国内における書誌コントロールの統合と書誌利用の面から見ても一層の調整がまたれる（図4.5参照）。

3 OPAC の管理と運用

3.1 OPAC から WebOPAC へ

OPAC は第2章コラム2.1が記したように、個々の図書館のオンライン閲覧目録（Online Public Access Catalog）である。図書館によってはホームページ（図書館）ポータルに OPAC を公開していることもある。公開系の OPAC を WebOPAC、または Web 版 OPAC と呼ぶ。

OPAC は Web を通じて他館の OPAC と連携し、総合目録（union catalog）を組織することがある。システム的なタイプとして、OPAC を横断的に検索するものと、共同目録的なものがある。後者は、書誌ユーティリティ（前節参照）を基盤として目録作成のための共同分担目録作業（shared cataloging）によって形成した総合目録を公開し、図書館間協力（ILL）に役立てている。世界的には OCLC の WorldCAT が代表的存在である。日本では、大学図書館を中心とする NII の CiNiiBooks がある。公共図書館も都道府県立図書館や政令指定都市の図書館は、参加可能である（本章コラム4参照）。前者の横断検索的な総合目録には NDL が軸となった都道府県立・政令指定都市図書館のデータを結ぶ

「ゆにか・ねっと」がある。こうして全国47都道府県図書館の総てで Web-OPAC の検索が可能となっている。そしてそれは、全国の図書館設置市区町村 1,279 自治体の地区館、分館を含めた1,750館のうち85.1％にあたる1,088館の Web サイトにつながっている（日本図書館協会2011年調査 http://www.jla.or.jp/link/link/tabid/167/Default.aspx#opac,〔参照2013-11-28〕)。

3.2 OPAC の利便性

　OPAC が導入されることによって、図書館利用者や提供する図書館の環境は大きく変化した。OPAC の利便性は何処にあるのか改めて確認しておく。

(1)検索機能の強化

　コンピュータ目録である OPAC の実現は、図書館所蔵資料の検索機能を強化した。アクセス・ポイントと呼ばれる検索データは、記述系データであった出版者や出版年にも及んだ。トランケーションと呼ばれる、中間一致検索、後方一致検索も可能となった。漢字検索も可能である。ただし、検索項目の拡大は基本的に自然語によるものであり、件名等の統制語系による正答率の高い検索方式でないことは着目しておきたい。

(2) OPAC の機能拡張による図書館サービスの「場」の拡大

　OPAC 機能の拡張は、蔵書検索システムの改善に留まらない。

　象徴的な例として図書館検索の結果で該当図書が貸出中の場合、インターネットを通して OPAC 上から貸出予約可能なシステムが登場した。OPAC を核として図書館サービスをインターネット上で提供するシステムである。非来館型の図書館サービスの提供である。いわば、インターネットを図書館サービス提供の"場"とするサービス拡張である。インターネット上の図書館サービスは、OPAC を通してのサービスだけでなく、オンラインレファレンス、オンライン上のリクエスト受付などにサービスの拡大がある。

(3) OPACを通した1次資料の提供

　電子ジャーナル、機関リポジトリの機能を使って大学（学術）図書館を中心にOPAC（目録）から雑誌記事の全文の1次資料提供を可能にするサービスの拡張がある。利用者が求める1次資料提供へストレートにつながるサービスである。これが公共図書館においても電子書籍の貸出サービスにつながっていく。

3.3　図書館情報システム設計で必要な検討事項

　OPACは利用者にとってできるだけ使いやすい設定が望ましい。しかし、利用者は一様でない。図書館を使い慣れた利用者とそうでない利用者、学術性が高く、網羅性の高い資料要求をする利用者と、趣味や余暇のための図書を探している利用者など、利用者の資料要求は様々である。場合によって、相反する要求になることもある。システム設計上、ある種の政策性を必要とする。

　OPACの構築にあたっての注意点を列挙しておく。図書館システムの設計あるいは導入時に重要である。このことは、ベンダーが開発した図書館パッケージシステム導入における、要望仕様・評価の基礎資料にもなっていく。

(1) 書誌データベースのつくり方

　コンピュータ目録を運営するには、書誌データベースの構築と維持が必要である。その構築にあたっては、基本的に、書誌データを自館で作成するのか、外部データを導入するのかを決める。外部データの例は、MARCであり、JAPAN/MARC、民間マークのどれを採るか、どのようにとりあわせるかが重要となる。

(2) "図書館情報システム"の選択

　自館のコンピュータ組織に導入されるいわゆる"図書館情報システム"が、目録のみならず、関連する図書館業務とうまく適合するかを考察する必要がある。

(3) OPAC 操作環境の検討
　①検索端末は何台くらい用意すべきか。
　②検索画面はキーボードとマウス操作方式か、タッチパネル方式か、障害者対応は十分か。
　③入力文字として、キーボードの字はカタカナか、アルファベットか、両用できるのか。カナでは、その配列を50音順、JIS配列いずれにするか。

(4) 検索項目の検討
　①検索画面で、検索項目を指定しない初心者向けフリーワードで検索する簡易検索画面と、細かく条件設定できる詳細検索画面を配置するかの決定をしておく。
　②著者、タイトル、件名、分類、キーワードなど、どこまでアクセス・ポイント（標目）を設定するか。
　③著者検索に関しては、標目として使用される著者名と異なる形で検索できるようにするか考えるようにすることが重要である。
　④詳細検索画面では、中間一致検索、後方一致検索、複合検索、ブール演算子を利用した検索などをどこまで整備するのか。
　⑤資料種別のチェック欄を設けるか、検索が本館・分館の全部対象か、特定館の所蔵に限定するかなどについてチェック欄を設けるか。

(5) 検索結果詳細画面表示の検討
　①検索結果をどのように表示するか。どのように代えられるか。
　②所在の配架位置を図示するか。
　③予約情報、貸出（中）情報などステータス情報を表示するか。

(6) 検索結果をプリントアウトさせるか。

第 4 章　書誌コントロールとその沿革

3.4　次世代 OPAC の課題について

　残念ながら利用者が検索に向かう第一のツールは、図書館の OPAC ではなく、検索エンジンから始める状況がある。利用者はインターネット上にあるネットワーク情報資源や、オンライン書店の図書などに期待して、検索エンジンでの検索を好む傾向にある。図書館の世界のみで完結しないことを認識し OPAC を設計する必要がある。

(1)書誌情報の粒度を高めること

　従来からのタイトルを中心とした記述データの表示に留まらず、目次データや内容データを表示する検索システムがある。国立情報学研究所（NII）が提供する Webcat Plus がそれである。また、Amazon などオンライン書店にも高粒度でデータ表示をするシステムがある。

(2)リコメンデーションなど、利用関連情報の活用

　オンライン書店でみられることであるが、利用関連情報、リコメンデーションデータの活用をはかることを考える。利用者からの情報を取り込むこと。

(3)他のシステムと連携を強めること

　図書館の OPAC 表示も、ほかのシステムと連携表示を可能とする契約を結ぶことによって表示データの連携を図ることができる。連携的に他所の目録データや内容細目データ、表紙の画像データなどの表示をさせることができる。

(4)全文データ表示・1 次資料提供機能を重視して提供していくこと

　電子雑誌記事や機関リポジトリ上の全文の表示や、電子書籍の貸出システムと連動して、目録検索から 1 次資料利用に直接接続するシステムがある。

　米国議会図書館（LC）は、2012 年 11 月 21 日、「『データのウェブ』としての書誌フレームワーク：Linked Data モデルと支援サービス」を公表した。RDA

（第6章3.3参照）導入テストの結果などを踏まえ、書誌フレームワークの変革に向け"Bibliographic Framework Transition Initiative"を2011年5月に開始し、同年10月に計画文書を公表していた。新たなステップとして、半世紀近く用いてきたMARCに替わりWeb時代のフォーマットのためのデータモデル"BIBFRAME"を提案した。これにLinked Open Dataに関わる背景説明、関係機関の活動紹介を加え、今後の見通し、用語集を配している。

──■□コラム4.1□■──

MARC（マーク）

　MARC（機械可読目録：MAchine Readable Catalog）とは、①コンピュータで読み取ることができる目録、②コンピュータ内の目録情報（MARCデータ）を意味する語である。元々は、後者、特に1969年米国のLC／MARCを指す。日本では1981年、NDLによるJAPAN／MARCがこれにあたる。

　現代の目録は、コンピュータで読み取ることができる目録が中心であり、オンライン化されたコンピュータ目録がOPACである。OPACは①の意味においてMARCとほぼ同様である。

　OPACで検索し表示される資料情報は、②の意味においてMARCである。

　OPACでは、②のデータとして外部作成の書誌データを採り入れ、ダウンロードして活用することが多い。MARCがその作成作業 MAchine Readable Cataloging を指す場合もある（③）。その書誌情報に、それぞれの館の登録番号、地域性やコレクションに合わせた件名、分類記号などの書誌情報を付加して所蔵データ（目録）とすることができる。共通の外部MARC情報を活かして総合目録、書誌情報ネットワークを組むことができる。

（杉山誠司）

──■□コラム4.2□■──

公共図書館と書誌データの活用

　1980年、K市立（中央）図書館では、大量貸出に対処するためコンピュータを導入

した。だが書誌データが不可欠で、機械化は目録に及んだ。

　短期間に大量の書誌データを作成するために、書誌データはパンチカード（外注）や民間 MARC を利用した。外部書誌データ（ベース）は、貸出・返却、目録だけでなく、資料選択・発注、さらに旧蔵書の遡及入力に活用した。またこの書誌は中央図書館を基点とする全地域図書館の OPAC をつなぐ総合目録システム源ともなった。

(1) ［資料］選択、発注業務における外部データの利用

　本図書館の資料購入方法は「見計らい納本」である。契約書店が新刊資料を見計らって中央館に見本納入して来る。見本納入資料には、関係のコンピュータデータが付けられている。中央館の選書担当総括はこれ（「物流 MARC データ」と略称）を自館のデータにドロップ・作表し、各資料選択担当（中央館各階フロア、各地域図書館）に電送する。各担当は購入を希望する資料にチェックを付し返送する。各担当からの回答が集計リスト（データ）に編成され、各資料選択担当に再配布される。各部の担当は、決められた曜日に中央館に集まり、資料現物を見て協議、購入リスト案を作成する。購入リスト案に基づき物流 MARC を民間 MARC 会社（T 社）のデータに置換し、中央館長決裁を得る。既決後、中央館の資料選択担当総括は、関係書店に、コンピュータデータ（発注データ）を添えて発注する。

(2) ［資料］受入業務における書誌データ

　発注した資料が書店から納入されると、資料の現物を確認し、請求記号や購入価格などに修正事項があれば発注短冊に修正を加える。受入業務では、発注短冊に記載されている発注データと、資料に貼付する資料管理番号（バーコード・ラベル）とのリンクを張り、発注短冊に加筆された修正を加え、更にローカルデータを付与する。この受入業務を経ることにより発注データが図書館の書誌 ID となる。

(3) ［資料］貸出、返却、蔵書点検における書誌データ

　バーコード・ラベルが示す資料管理番号を経由して、タイトル、著者など書誌事項を呼び出してくる。資料管理番号であるバーコードと利用者カードをスキャンすることで貸出記録となり。返却の場合もバーコードをスキャンするだけで処理ができる。蔵書点検は資料に貼付されたバーコードをスキャンし、スキャンしたタイムスタンプの時刻により資料の所在を確認する。

(4) 目録データ作成
① MARC の整形
　資料発注の直前に物流 MARC を民間 MARC のデータに置換する時点で、自館の

書誌データ構造に変換する。例えば、分類記号については自館の分類体系に変更するための「分類変換テーブル」に突き合わせ、所在記号（別置記号を含む）を決定する。受入業務により、発注データが図書館の書誌IDとなるが、この時点では仮カタログと称している。書誌ユーティリティNACSIS-CATに参加しているため、NACSIS-CATに登録する資料については、より精度の高い書誌を確保するため別途職員により文法チェックなど行いデータを整形している。

②旧蔵書の書誌データ整備

　1989年以降、書誌データ整備のため各種のMARCを活用している。民間MARC会社から購入した新刊MARC（全件）の蓄積のほか、JAPAN／MARCも磁気ディスク、CD版も数年分購入し活用した。

③総合目録への参加

　同じ市の市立大学図書館と共同で構成する「市図書館情報ネットワーク」を稼動した。目的は、書誌データの共有化を行い、システムを一元的に開発、維持することにより機械作業に関わるコストダウンを図ることにある。

　㋐同一書誌に関するデータ作成の重複を避け、省力化する。

　㋑自治体内の館種を超えた一元的な検索の実現。

　㋒各館で目録サーバーを持たぬようにしハードウェアの経費節減を図る。

　㋓SINET接続により国内外の図書館ネットワークとの接続を実現。

　共有するデータベースの書誌データ構造はNACSIS-CATに参加するため、NCR1987［初版］に準拠するものとした。この組織へ参加するため市立図書館はそれ以前から保有してきた「出版物理単位」の巻次毎に分割していた書誌を、「単行書誌単位」を基本にした「階層構造」へ変換を図る必要があった。現在の本図書館の目録様式はこの構造で維持されている。

（石田有邦）

Question 4　（下の各問題に50字以内で答えなさい）

(1) UBCは、書誌コントロールの領域で、どんな働きをしていますか。

(2) OCLCについて説明しなさい。

(3) CiNiiについて、その前身を含め説明しなさい。

(4) 図書館と、検索エンジンなど図書館界外の検索の連携について考えてみよう。

第5章　目録の検索、検索への備え

　一つの検索ボックスで所蔵資料に関する一切の検索ができる OPAC が増えている（図5.1参照）。ただし、図5.2のように少しは詳しく検索枠を絞る手だてもとらされている。しかし図書館目録の検索枠の設定には詳細検索などとして伝統的な検索枠ぐみである、"著者"、"タイトル" などの枠を活用し、それに多様な検索枠を付加しているものが多い。

　この検索枠を伝統的な検索区分で確かめてみよう（図5.3参照）。

　ここでは標目（アクセス・ポイント：検索の手がかり）と、それによる検索の基本を把握する。伝統にしたがうと、主題検索系の分類標目、件名標目と、ネーム検索系の著者標目、タイトル標目を手がかりとした検索がある。コンピュータ目録では、記述の中のほかの一部もキーワードとして検索ができる。また、国際標準図書番号（ISBN）、国際標準逐次刊行物番号（ISSN）、米国議会図書館（LC）による著作権番号（LC番号）などにまでアクセス・ポイントは広がっている。

1　タイトルや著者からの検索

1.1　タイトルからの検索

　タイトルからの検索を考える。検索しようとするタイトルを "タイトル標目" という。タイトルは、出版者が記したかたちのままで標目となり、検索対象となる。ただし、誰が著者か不明な古典（無著者名古典）に関しては、目録規則で決めた「統一タイトル」で検索できるようにする。

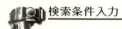

図5.1 検索画面1

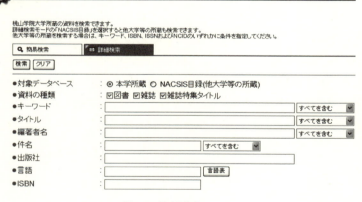

図5.2 検索画面2

1.2 著者からの検索

　著者を軸とする検索は、著者標目を対象に行う。著者標目となる著者一人ひとりの名は、一つの表現形、統一標目として典拠ファイル（著者名典拠ファイル）内で管理されている。この管理処理を典拠コントロールという。典拠コントロールとは、統一標目に採用しなかった名称から統一標目へ目録上で導きをする働きである。この導きを"参照"という。コンピュータ目録の場合、これ

第5章　目録の検索、検索への備え

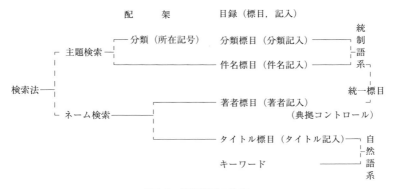

図5.3　情報資源の検索
（出典）木原通夫［ほか］著『資料組織法』第6版，第一法規，2007），p6

を行う、"自動参照"がなされるのが今日、通常である。典拠コントロール全般に先立ち、ここでは著者名典拠ファイルについて簡略に紹介しておく。

(1)典拠コントロール

著者名典拠コントロールは、2種に大別できる。一つは同名異人である、同姓同名であっても、全く違う著者であることは少なくない。同姓同名者を区別するために、生没年、専門分野を付記して区別するよう処置がとられる。

鈴木清（1906-　教育心理学）

鈴木清（1906-　工芸家）

鈴木清（1907-　）

今一つは、一人の著者が複数の名前をもっている場合である。有名なところでは、中島梓と栗本薫の例がある。小説を書く場合（『魔界水滸伝』）などは栗本薫、文芸評論（『文学の輪郭』）などを書く場合は中島梓と、意識的に分けている。ペンネームや雅号をもっている作者もある。

堤清二（本名、実業家）は辻井喬（小説家、詩人）のほか、横瀬 郁夫、藤村渉などのペンネームを用いていた。

　日本人の場合、本人が読みを変えていることがある。

辻仁成（つじ　じんせい：歌手・映画監督の場合）
辻仁成（つじ　ひとなり：小説家の場合）

　外国人の名前は、さらに複雑である。C. D. ルイスの場合、その著者標目は、ルイス、C. D. か、デイ＝ルイス、セシルか、また日本での翻訳の場合、日本語（文字）表現形を採るか、Day-Lewis, Cecil という原綴りを採るのかという問題もある。現在欧米の目録規則では、著者の標目形として必ずしもフルネームを採用しているとはいえない。最も著名な名前を標目形にしている。このために標目形として、どの名前を採用するのかを決定しその標目形を管理する必要が生じるのである。

　このような問題を制御することを典拠コントロール、そのシステムを典拠システム、具体的な記録を典拠録（典拠ファイル）と呼ぶ。

　典拠ファイルは標目語を統制する意味があり、著者名典拠ファイルだけでなく件名標目表、資料分類表は実質的に典拠ファイル機能をもっている。タイトルでは一般的に語の制御は行わない。ただし、古典といわれる文学作品、宗教の聖典、仏教の経典などは、内容が同じでも異なったタイトルがついている場合があり、そこからタイトルであっても集中性を求める場合がある。例えば、アラビアンナイトと千夜一夜物語は同じ情報資源として認識される。アラビアンナイトを無著者名古典のタイトルとして採用すると、千夜一夜物語という情報資源がきても、アラビアンナイトという標目の下に集中性を実現するのである。このような古典を無著者名古典と呼んでいる（第3章2.3をも参照）。

(2)著者名典拠録（著者名典拠ファイル）

　『国立国会図書館著者名典拠録』は冊子体で発行されている。この著者名典拠

拠録により、多くの図書館は著者名の標目形を決定してきた。このほか、著者名典拠録には『TRC人名典拠録』、日外アソシエーツ編『日本著者名・人名典拠録』、『西洋人名・著者名典拠録』がある。コンピュータシステムの典型的な典拠システムは、国立情報学研究所（NII）のNACSIS-CATである。もっとも、NACSIS-CATは大学図書館が中心である。

　また最近ではTRCが、典拠データを販売しており、この典拠データを利用してローカルな個別図書館でも、典拠ファイルの維持を容易とする環境が整ってきている。現在公共図書館でもJAPAN/MARC、民間MARCなどのMARCデータが多く利用されている。このMARCデータの著者標目データには、MARC作成時点で典拠ファイルとリンクさせて、著者の標目形の制御が利いたデータを利用している。今日、VIAF（バーチャル国際典拠ファイル）が有用な働きをしている（第3章コラム3参照）。

2　主題検索
——件名目録、分類目録——

　上記でタイトル、著者をキーとする検索、既知検索について述べた。これと対照的な検索法が未知検索であり、これを主題検索という。

　"主題"は著者がその著作で表現することを目的とした主な内容である。"主題"はまた検索者が資料探索、つまり"主題検索"で追求するテーマである。

　図書館は、著者が著した図書などの"内容"と、検索者側の求める"テーマ"を結び付けて利用に供しようとする。

　この結びつけに用いる検索語を、タイトル中のコトバなどとするかたちがある。それを自由語あるいは自然語キーワード、非統制語という。自由語による検索はさまざまな表現にわたる同意語を集中できない。同意語に対する検索語が多岐にわたるのを放任すると、検索結果も分散する。これを防ぐため統制語検索が画されることとなる。それが件名検索と分類検索である。以下に、自由語検索、統制語検索の順で説明する。

2.1 自由語検索（非統制語検索）

Webで自由語（非統制語）検索を中心に主題検索が行われている。自由語検索はタイトル検索あるいはその部分検索としてかねてから存在した。

文献のタイトルや本文の用語を組み合わせて検索する。現在の一般的なOPAC検索に使われている。

その特徴は下記のとおりである。

〈利点〉

①索引語付与の労力が不要であり、簡便である。

②コンピュータが自動的に索引語を見つけ出し検索する。

〈欠点〉

①索引語の整理が行われていない、同義語などとの調整がされていない。

②厳密な主題アクセスはできない。

(1)キャッチ・ワード（キャッチ・ワードシステム）

その資料の内容を最もよく示す語をキャッチ・ワードと呼び、タイトルの前方に転置して、検索に備えるシステムである。例をあげてみよう。

An introduction to economics → Economics, An introduction to

このようにタイトル中で主要語が先頭にこないことが多い洋書における便法であり、後のKWICやKWOCに繋がる。また、件名目録に先駆けて欧米の図書館で用いられた（下記の(2)、(3)参照）。

キャッチ・ワードは、最近までWhitaker's Books in Print（元の名称はBritish Books in print）に生きていたが、今日では停止方向とうかがえる。

(2)KWIC索引システム（Keyword In Context Index：文中見出）

主題を表す語をタイトルのなかから見い出し検索するシステムは、タイトル上の文脈関係から、求める文献であるかを判断するように作られている。さら

に同じ主題（索引語）をもつほかの文献が並列されており、主題別検索に類似する効果をねらっている。しかし異なる文献の検索語を機械的集中表示しているため、文献ごとの段落がそろわず読みづらいという欠点がある。

現在のオンライン情報検索システムが実用化される以前に開発されたコンピュータ処理による索引作成システムであり、わが国では1989年に早稲田大学などが導入したDOBISシステムが代表的なKWIC索引であった。

(3) KWOC索引システム（Keyword Out of Context Index：文頭見出）

検索用の見出し語（索引語）を文頭に出して、同じ見出し語（索引語）のほかの文献をまとめて表示したもの。

KWIC索引及びKWOC索引は、現在のオンラインによる情報検索（IR）が実用化された初期の画期的な手法で、印刷媒体での利用であった。

2.2 統制語による主題検索

未知検索においても、タイトルなどに使われた語、つまり自由語による検索が自然でしかも簡便な検索手段のように見られるかもしれない。だが自由語検索ではその語に直接関係する事項以外は通常検出できない。そこで図書館などにおいては、未知検索で、統制語を用いる手法が積まれてきた。一概念に関わる資料を、表現が異なる同義語からも検索できるよう図ったものである。

主題検索のために、目録作成機関一般で行われる行程を考察しておこう。

(1) 統制語検索とその準備——主題分析

主題検索に供するために、図書館側は各情報資源に対し検索語を与える。この検索語付与の第一段階が、その情報資源の主題把握である。情報検索には多様なものが含まれるのでそれらの連関などに関する分析（主題分析）を行う。その結果を、所定のツール（統制語表）と照らし、統制語への変換を図る。これを翻訳という。統制語表中から選ばれ翻訳語としたものが検索語、主題標目で

ある。これら一連の営為を主題分析という。

①主題分析

　主題分析にあってはまず、主題を把握しなければならない。

　L. M. チャン（Louis Mai Chan）は、これを主題の把握を中心に、「著者の観点、時代、地域などの側面を含めて明らかにすること」と定義している。

　一つの著作が、いくつかの主題を別々に扱っていることがある。また含まれる主題の多くは、相互に関連している。そこで主題分析は、通常、主題の把握に始まり次のようなプロセスをとる。

(ア)文献に目を通し、鍵となる主題を把握する。

　具体的には、タイトル、サブタイトル、著者、出版者などを通して主題を想定する。目次、序文、跋文（ばつぶん、あとがき）、解説を読む、通読、調査する。

(イ)その対象資料に対する簡潔な要約をする。

(ウ)その資料に与える主題（分類、件名）を決定する。

　複数の主題または部分ごとに異なる特別な主題がある場合は、それをも主題とする単純検索（非結合系）か、それらの間に連携があるときは関係付ける結合検索となる。

②単純検索

　主題の数だけアクセス・ポイントを併設する。こうした各主題ごとにアクセス・ポイントを設定するのが、単純検索（非結合系）である。

③結合検索

　これには2種がある。事前結合と事後結合である。

(ア)事前結合（pre-coordinate indexing）

　事前結合では複合主題を列挙する。その列挙上、列挙順序と相互の言葉の間の関係が問題となる。列挙順序としては、遍^{あまね}く標準的な基準は確定していない

が、S. R. ランガナタンのコロン分類法における「具体性減少の原理」が有名である。また、1971年には、イギリスの全国書誌BNB（British National Bibliography）にPRECIS（Preserved Context Index System）の「文脈依存順」が使用された。これらは図書館の主題目録上にも導入されている。

(イ)事後結合（post-coordinate indexing）

　事後結合システムでは、通常、列挙順序問題はない。コンピュータ目録では事後結合索引法が多用される。ただ多くは自由語検索を土台としている。

④統制語への翻訳

　主題分析は一旦当該資料（情報源）で用いられた表現＝自由語（非統制語）で把握され、これを索引用の語（統制語）に変換する。統制語への変換を翻訳という。具体例をあげると、『日本の地理』というタイトル（の資料）を「291」と翻訳する（『日本十進分類法』：NDCによる）。翻訳のためのツールとしては、NDCのほか件名標目表、シソーラス表などがある。それらは分類記号、索引語（件名標目、ディスクリプタ）を主な構成要素とする。選択された統制語は、当該記録対象資料に関し、書誌レコードの検索用語（標目、ディスクリプタ）となる。

　1概念につき1統制語（件名標目、シソーラスなど）が採用されるので、その裏に、採用されていない同義語の存在がある。採用しなかった語を統制語へ結びつける必要がある。件名標目表では件名標目に対して参照語が、シソーラス表ではディスクリプタに対して非ディスクリプタ（非検索語）などが配置されている。こうして統制語に集中されるので検索者は想定しなかった同義語にも案内されることとなる。

　選択された統制語は、当該記録対象資料書誌レコードの検索用語（標目、ディスクリプタ）となって、目録（OPAC）上にアップされ検索者のために備えられる。こうした参照処置がコンピュータ上自動的に行われる自動参照がある。

(2) 統制語検索のための装置——件名標目表に基づく情報資源組織と検索
① 件名目録の誕生、揺籃期

　19世紀後半、図書館に追い風が吹いていた。ボストン市立図書館の設置を契機として全米に公共図書館整備の流れが起きていた。そこにおいて国立図書館的役割が必要となり、スミソニアン研究所（現・スミソニアン博物館）の図書館部長 C. C. ジューエット（Charles Coffin, Jewett）は1846年、この図書館に、集中目録作業機能（国立図書館的機能）をもたせるべく標準的な目録規則案を提示した。記述、標目、参照、配列に至るこの規則の「標目」の部の一部として「件名標目」も規定された。しかし成文化された件名標目表はなかった。

　1876年、C. A. カッターの辞書体目録法（Rules for Dictionary Catalog）が、"Public Library in United States"（米国教育出版局）に掲載された。冊子目録が主流の当時、彼は一資料に対する基本的な記入を一人の著者記入（現在でも多くの国で著者記入を基本入力形とする）とし、一人の著者を限定できない著作の場合タイトル記入をもって基本記入に代わるものとした。さらにタイトルを代表とすることも不適なとき、件名記入をそれにあてた。つまり「件名」は著者の代行であるタイトルの、更なる代行であった。件名のかたちは、彼の所属館、ボストン・アセニウムが内規としていたキャッチ・ワード（タイトルの転置）であった。安定的な件名標目表がない当時、下記のような主題検索構造も示された。

(ア) 分類順件名目録

　分類記号順の目録で索引の介在が必至である。実質、分類目録とでもいうべきものであったようである。

(イ) アルファベット順分類目録

　同階層内ではアルファベット順配列。これは分類（体系順）目録であるが、細部をキャッチ・ワード（後には件名）のアルファベット順配列としたので、分類と件名の混成型といえる。

② MeSH（Medical Subject Headings）

　米国軍医図書館（Library of Surgeon-General's office. 1956年に改称：National Library of Medicine：NLM）は、1879年から医学文献内容を端的に表す表題（統制語）ごとに文献を表示する文献索引誌 Index Medicus を発行した。この Index Medicus のための件名標目表が MeSH である。同館 J.S. ビリングス（John Shaw Billings）館長の開発によった。その検索語・表題（descriptors）は統制語であり、図書館界一般でいう"件名標目"に当たる。Index Medicus 誌は1950年代膨大化したデータの機械編纂プロジェクト MEDLARS（MEDical Literature Analysis and Retrieval System）を立ち上げ、1960年その検索語を整理、階層化し MeSH（Medical Subject Headings）とした。1963年第2版（5,700語）を策定、MEDLARSへの使用を開始した。

③ List of Subject Headings for Use in Dictionary Catalog（ALA, 1895）

　米国図書館協会（ALA）目録委員会は表記の世界最初の標準的な件名標目表を策定、発表した。この委員会には辞書体目録規則を発表しそれを欧米に普及させた。C.A. カッターがその中心であった。「件名」は上述のキャッチ・ワードの域を出て統制語システムに移ることとなった。「辞書体目録」においても、「件名」は、著者およびタイトルを基本記入にできない場合の補欠的標目ではなく、基本記入とともに在る副出記入として常に目録内に位置をしめる記入となった。カード目録が目録形態の中心となった時代の反映である。

④米国議会図書館（LC）の件名標目表（LCSH）

　LC は G.H. パットナム（George Harvard Putnam）館長の時代、1910年から1914年の間に、Subject Headings in Used in the Dictionary Catalogues of the Library of Congress を刊行した。簡略に過ぎた上記③を改良している。同8版で『米国議会図書館件名標目表』（Library of Congress Subject Headings：LCSH）と改称。一館件名標目表ながら印刷カード（1901年開始）上に表示され、MARC21、OCLC などに引き継がれたことで英語圏の汎用件名標目表となっている。11版（1988年）からは参照表示にシソーラスの形式を用いている。

⑤シアーズ件名標目表（Sears List of Subject Headings, 1923）

　上記④ LCSH は件名標目数が詳細にわたるものであり、蔵書数の多い大図書館には向いているが、中小図書館での使用は負担が大きい。これを簡略化したものが表記の件名標目表で、編纂者 M.E.シアーズ（Minnie Earl Sears）の名を採り『シアーズ件名標目表』（Sears List of Subject Headings）という。1923年成立した。現在も米国中小公共図書館、学校図書館で使用されている。

　これらには同時期旺盛化した、雑誌記事索引、上述⑵② Index Medicus や W.F.プール（William F Pool）の雑誌索引の手法などの影響が見られる。

⑥基本件名標目表第4版（BSH, 1999）

　『基本件名標目表』（Basic Subject Headings：BSH）が日本の代表的件名標目表である。1956年初版、現版は4版（1999年）である。その源は『日本件名標目表』（Nippon Subject Headings：NSH, 1930）である。国内ではほかに『国立国会図書館件名標目表』（NDLSH、初版1964年）、最新第5版（1991年版）がある。

　図書館機器販売業者であった間宮不二雄は草創期の日本図書館界で館界の三大ツールを企画し、それらを自身が主宰する青年図書館員連盟（以下、青図連）のメンバーに編纂せしめ、自社・間宮商店から発行した。1929年 NDC 初版をもり・きよし（森清）編纂で出し、続いて翌1930年加藤宗厚編纂による NSH を刊行した。また『日本目録規則』1942年版（NCR1942）を青図連名で上梓した。1944年青図連件名標目委員会の名で NSH 改訂版を出した。

　JLA が件名標目表の策定に入るのは1953年である。NSH を後継するかたちで日本件名標目表改訂委員会を山下栄委員長のもとに組織し、1956年2月『基本件名標目表』（Basic Subject hedings：BSH）を完成した。すべての件名を列挙しようとした NSH に対し、BSH は、件名標目表の膨大化を抑制し、基本的な件名標目を掲げ、件名作業の指針を示す方針に変更。名称も『基本件名標目表』とした。1962年に第2次の件名標目委員会を組織、1971年に改訂版を刊行した（1983年9月、第3版を刊行）。1999年第4版（現版）を完成した。わが国の代表的な件名標目表である。公共図書館を主な対象としている。第4版で初め

て二分冊となった。つまり『基本件名標目表［＝本表］：音順標目表、国名標目表、細目一覧』、『［第２分冊（［本表］目次での表示）］＝分類記号順標目表』［同初刷情報源では「分類体系順標目表」］・階層構造標目表』である。

(ア) ［本表］『基本件名標目表第４版』（序説、基本件名標目表＝音順標目表等、国名標目表、細目一覧など）

 (a)音順標目表

 カタカナによる見出しで、その音順の配列である。

 収録件名標目数7,847、参照（語）2,873、説明つき参照93、細目169である。本表内の各件名標目には、それぞれ上位・下位概念を示す語（件名）がカタカナ読みのもとに、NDC 分類記号が（同新訂８版のそれが、⑧154、９版のそれが⑨154というように）示される。また、MeSH シソーラスを模して最上位標目＝TT（Top Team）、上位標目＝BT（Broader Tem）、下位標目＝NT（Narrower Team）、関連標目＝RT（Related Team）、直接参照あり＝UF（Used For）、参照注記：連結参照＝SA （See also）〉など階層・参照の記号が用いられている。これはその対象資料に最もふさわしい（レベルの）件名を与えるためのリード役を果たす。これを利用者の検索用に役立てる工夫が期待される。

エジプト（古代）＊　⑧242　⑨242.03
UF：古代エジプト
TT：アジア１．歴史 241
BT：オリエント
NT：ピラミッド

図5.4　シソーラス例（音順標目表 p82）

 件名標目は基礎的な件名標目を中心に収録している。そのため例示件名（例示的件名標目群）として１、２例用意し類推できるようしている。

（例）

歴史上の事件名	一向一揆、ロシア革命など
植物分類の門・鋼・目の名称	顕花植物、こけ植物など

また固有名件名（固有名詞件名標目群）を、例をあげる程度で省略している。例えば個人名、団体名、地名、件名標目としての著作名などである。

なお、「本表」「序説9：件名標目および参照語の配列(8) d」において「時代細目はその時代順に配列」すると説明しているにもかかわらず、初刷本表内（p481〜：西洋史、p483：世界史、p601：中国史、p630〜：日本に関する各種の歴史で、"近代"を"古代"よりも先に配列する矛盾を起こしている。2刷から時代順となったが、初刷の時期に演習用などに早々に対処購入していた機関では注意が必要である。

(b)国名標目表

『世界の国一覧表』1998年度（外務省編集協力、世界の動き社刊）により表記し、表示している。初刷では「オーストリア←豪州」との参照の誤りがある。またスカンジナビア諸国など地域名がなく、時系列のフォローを欠いている。

(c)細目一覧

件名標目を細区分し限定した件名標目とするときに使用する。下記の7種がある。

　　（ⅰ）一般細目　いずれの標目のもとでも、共通して使用する。

　　（ⅱ）分野ごとの共通細目　以上の各種各指定範囲の標目下で必要な場合に使用。

医学・薬学共通細目。映画・演劇共通細目。音楽共通細目。会議共通細目。科学共通細目。芸術・文学共通細目。工業・鉱業共通細目。古典共通細目。災害・戦争共通細目。作品集成共通細目。宗教共通細目。商品・製品共通細目。職業・資格共通細目。生物・農業・畜産業共通細目。美術・文化財共通細目。文学形式共通細目。

　　（ⅲ）言語細目　各言語のもとで、必要に応じて使用できる。

本表中に「英語」「中国語」「日本語」のもとに例を示している。

　　（ⅳ）地名のもとの主題細目　下記の主題では、原則として地名を優先させ、その下に主題を細目として用いる。〈巻末の細目一覧の4　地名のもとの主題細目として表示〉に下記のものが記されている。

第5章　目録の検索、検索への備え

　紀行・案内記　教育　行政　経済　工業　国防（国名のもとに）
　産業　商業　人口　政治　対外関係（国名のもとに。必要に応じ相手国を付加）
　地域研究　地図　地理　農業　風俗　貿易（相手国や地方名を付けうる）
　本表中に「アメリカ合衆国」「日本」「神戸市」の標目下に当該例がある。
　　（ⅴ）地名細目　上記（ⅳ）以外のすべての主題の下に付加できる。
　　（ⅵ）時代細目　主題が歴史、細目が「－歴史」の下で用いる。
　　（ⅶ）特殊細目　すべて各標目のもとに示している。
(イ)別冊：『基本件名標目表第4版：分類記号順標目表・階層構造標目表』
　(a)分類記号順標目表
　本表『基本件名標目表』内の採用件名標目に付記の分類記号のうちNDC新訂9版の分類記号順に件名標目を配列した表。件名作業と分類作業が一元的に処理することを図っている。
　(b)階層構造標目表
　採用の件名標目に関し体系別に別け最上位標目TTに1－248の序数を冠し、五十音順に配列し、夫々の下位の階層ごとに第2位、第3位のグループを設定している。ある件名標目が、語群の中のどの位置にあるかの確認ができる。

```
　　　　　〈アジア〉
　　　アジア
　　　・アジア（西部）
　　　・・オリエント
　　　・・・エジプト（古代）
　　　・・・・ピラミッド
```
　　　　　図5.5　階層構造標目表・例（同表 p127）

(ウ)件名付与作業──BSH（第4版）によって
　個々の資料の主題を把握しそれに即した件名標目を与える作業で、首尾一貫した作業を行うための指針である件名規程に従う。次の手順による。
　(a)件名標目表の理解
　(b)件名規程の理解（一般件名規程、特殊件名規程）
　（ⅰ）一般件名規程

一般件名規程は件名作業上固守すべき規程で、下記の事柄を内容とする。
 a 資料の主題を適切に表現する件名標目を与える。
 b 資料が扱っている主題の数に応じて、必要な数の件名標目を与える。
 c 資料全体に対する標目のほか一部分対象に件名標目を与えるもよい。
 d 各種の細目は、主標目を限定し特殊化し重ねて用いることができる。
 e 特定の人物、団体、地域、著作等が主題の場合これを件名標目とする。

(ⅱ)特殊件名規程

特定分野について適用される規程で、主要なものは音順標目表中に掲載されている。歴史的な主題、伝記書・人名辞典、地誌的な記述・地名辞典、社会事情、法令、統計書、産業事情、病気に関する資料、語学書、学習書・問題集。

(c)内容（主題）の把握
(d)最適件名標目の選定
(e)件名標目指示の表示

件名標目表の標目指示では、形を音順標目表の文字で記載する。

  s1.図書館—歴史

㈣標目の記載

カード目録においては原則としてカタカナで記載し該当する漢字などを付記。

㈥参照の作成

音順標目表に示されている各種の参照の設定に基づき、件名標目を新たに採用するつど、必要な参照を作る。

  アナーキズム → ムセイフシュギ（無政府主義）

㈠BSH（第4版）の維持と管理（件名典拠ファイル）

件名典拠ファイルとは、統一標目を維持管理するためのもので、件名標目のかたち、読み、出展資料名、採用しなかった名称からの参照などを記録したファイルである。その図書館が使用している件名標目と直接参照、および連結参照を記録する（第3章2.4参照）。

「機械可読版」CDがあり、表としてデータベース化されているが、各図書館のOPAC上、書誌検索上リンク効果を得るには性能を高める必要がある。

⑦BSH関連の件名標目表

　小学校、中学・高校関係においては、図書館の資料を用いた学習面で件名標目表の重要性が注目され、下記の件名標目表が作成・維持されている。

㋐『小学校件名標目表』全国学校図書館協議会編・刊　1985年、第2版、2004年

　　B 5判（26cm）（便宜的略称：EsSH）

　　件名標目数2,162　を見よ参照　253（を見よ有参照同数）

　　全項目にカナ見出し　をも見よ参照　多数

　　国名標目表190（世界の動き社編刊『世界の国一覧』2004）

㋑『中学・高校件名標目表』全国学校図書館協議会編・刊　1984年、第3版、1999年

　　A 5判（21cm）（便宜的略称：MHsSH）

　　件名標目数3,169　を見よ参照　572（を見よ有参照同数）

　　前方一致の次項目以下に見出し省略　をも見よ参照使用せず。

　　国名標目表191（世界の動き社編刊『世界の国一覧』1998；モンテネグロ含む）

　両者とも国名の配列箇所を件名の読みでなく『世界の国一覧』に従っている。この学校関係の国名標目と基本件名標目表（BSH）第4版のそれを比較する。

両表上の国名標目	配列箇所	『世界の国一覧』	BSH上の国名標目	配列箇所
リビア	サ行（シ）	社会主義人民リビア・アラブ国	リビア	ラ行（リ）
韓国	タ行（タ）	大韓民国	韓国	カ行（カ）
北朝鮮	タ行（チ）	朝鮮人民民主主義共和国	朝鮮（北）	タ行（チ）

⑧国立国会図書館件名標目表——NDLSH

　この『国立国会図書館件名標目表（National Diet Library Subject Headings：NDLSH）はNDLが自館のために作成した件名標目表である。同館が開館以来、和漢書について使用してきたNSH改訂版（1944）を離れて、1973年に策定した。1991年には同第5版を刊行、参照件名を合計22,500件収録し、典拠レコード番号と件名典拠ファイルに連動させた。創設時以来、LCSH第4版、シアー

ズ件名標目表第5版、6版を使用していた洋書にも『和洋件名標目対照表』を作成、実用した。

2004年、「2004年度版」と改め、「をも見よ参照」を付加し、シソーラスの表示形式を準用し、細目の使用法や参照注記の充実など全面的に改訂し、2005年から同館のホームページで公開した。シソーラスの記号は通常と同様。「2008年度版」で、収録数は参照形を含め47,816、うち標目数は約19,000。件名典拠データは、名称典拠と一体化し「典拠データ検索・提供サービス」(Web NDL Authorities) で提供する。洋書への適用が現在はない。

⑨ JST 科学技術用語シソーラス

科学技術振興機構（Japan Science and Technology Agency：JST）が、科学技術全分野における主要な科学技術用語の概念を優先関係や意味上の類似関係、階層関係に立ち体系的に整理し、表記を統制した検索・索引用の用語集で冊子体とデータ形式版がある。データベースなどに網羅性や精度の高い検索を実現することが可能である。旧 JOIS は J-Dream Ⅱ となったが2013年3月末にサービスが終了した。以後（株）ジーサーチに移管して J-Dream Ⅲ となった。科学技術や医学・薬学関係の国内外文献情報を手軽に検索する助けとなっている。

(3) 分類による主題検索——近代図書館における書誌分類

主題検索には件名検索のほか、分類概念を軸に書誌検索する分類目録がある。

図書館資料1点1点は複数主題を含む資料でも、複数の箇所に分けて配架することはできず、一箇所に配架するほかない。

例えば、「芸術と文学」という一冊の本の場合を考えてみよう。

図書館での配架は、分類表にしたがってなされている（書架分類）ので、図書の中身である内容（主題）のすべてに対処できているわけでない。一冊に複数の内容（主題）」を含むものもあるが、一箇所にしか配架されない。

ここで有効なものが分類目録である。図書に含まれるすべての内容（主題）を軸に検索に資するものである。図書が含む内容（主題）に照らして必要な数

第5章　目録の検索、検索への備え

だけの検索ポイントを実現する。「芸術と文学」という一冊の場合、1箇所に配架されるだけであるから分類記号は1個しかない。だが、内容（主題）は「芸術」と「文学」の2個である。書架分類では、1記号しか表現できない（7（芸術）など）。これに対して、分類目録における検索ポイントは、分類記号「7（芸術）」と「9（文学）」の両方である。これによって、この一冊は「芸術」と「文学」いずれの主題からも検索することができる。

　書誌分類（分類目録）は、図書の内容（＝主題）を分析することを目的とするもので、資料やメディアの主題を「探す」ための分類法である。

図5.6　二つの主題をもつ図書の例

　図5.6例示の図書は「ドイツ文学」、「美術」二つの主題をもつ。それでも同書の配架は一個所、「ドイツ文学」とするほかない。優先されなかった主題「芸術論」での主題で検索できないのか。それを可能とするのが主題目録である。一つは件名目録であり既述した。あと一つは分類目録である。OPACで分類記号検索するもの（分類目録）で、「芸術論」を表す分類記号から行い、検索し表示内容から『文学と芸術』を見いだし、所在記号（分類記号は『NDC9』、図書記号は『日本図書館記号表』に拠った）の指示に従い「ドイツ文学」の書架におもむいて同書を手にし、芸術論の箇所を読む。利用者の検索行動は、こうした例に見るような運びで展開されるのではないだろうか。

━━■□ コラム5 □■━━━━━━━━━━━━━━━━━━━━━━━━━━

件名標目表とシソーラス

1）件名標目表はコトバによる主題検索に用いる統制語の一覧で、件名記入の見出し語とその背面に在る参照を構成要素としている。

2）シソーラス（thesaurus）は、1952年ロジェ（P. M. Roget）がギリシャ語から採り「類義語・反義語用語表」の意味に充てたが、情報検索分野誌上ではIBM社のルーン（Hans Peter Luhn）が1957年最初に用いた。情報検索上の機械化はタウベ（M. Taube）のUni-term-system（1953年）が先行したが、シソーラス面で十分でない。MeSH（本章第2節2.2(2)②）は1960年にシソーラス（階層統制語表）を実装した。

シソーラスでは「ディスクリプタ」（索引語）、非ディスクリプタ（参照語）のような表現や、下記のような記号が共通的に用いられる。

①等価関係　UF（USE FOR）などの記号を用い、参照を索引語に導く。
件名標目表では、これを「を見よ参照」、「→」などと表す、
②階層関係　関連名辞間の階層を以下のような記号で表示する。
上位語はBT：Broader Term、下位語はNT：Narrower Term
③連想関係　関連名辞を　RT：Related Termという記号で表示する。
件名標目表では、これを「をも見よ参照」、「→：」等と表す。
シソーラスは事後結合を原則とするので、索引語間に、主題の配列単位、列挙順

序など、件名標目表に派生するような問題を生じない。シソーラスの構築法には国際規格ISO2788や国内規格であるJIS X0901（シソーラスの構成およびその作成方法）などがある。

（杉山誠司）

Question 5　（下の各問題に50字以内で答えなさい）

(1)著者名コントロールについて説明しなさい。

(2)タイトル検索について検討しなさい。NDLサーチなども参考にしなさい。

(3)自由語検索について説明しなさい。

(4)日本の件名標目表について説明しなさい。

(5)間宮不二雄が日本の情報資源組織化に果たした功績をのべなさい。

第6章　書架分類
　　　——分類順配架

　書架上で資料やメディアを利用するには配架の仕組みが影響する。ここでは資料やメディアの配架のための資料分類（法）、分類作業の指針となる分類表（法）について学ぶ。

1　配架と分類

1.1　開架書架へ——実物探索のため
(1)館内の案内図
　図書館では、利用者を資料やメディアへ導くために、いくつかのステップに分けて案内を準備している。最初のステップが「館内案内図」である（図6.1参照）。図書館敷地、主たる建物の外部、内部などにかかげる。どの階、どのあたりにどの種類のメディアの資料が配置されているか。雑誌、CD、参考図書など特別のコーナー（別置）がどこにあるか。来館者が見当をつけるための案内ボードである。一般図書に関しては、蔵書全体についてその主題がどの書架に収められているかを示さなければならない、具体的には、粗いレベル（第1次区分）において分類記号と分類項目を示すことが大切である（図6.2参照）。

(2)コーナー、書架（列）案内図
　「館内の案内図」に導かれ、利用者は行こうとする階に到着する。その到着部、階段、エスカレータ、エレベータなどの近くには、その階内のコーナーや主題分野（書架群）の表示（ボード）がある（図6.3参照）。このボードで確認し、訪れたいコーナーにおもむく。各コーナーには区域の書架群に関する表示があ

第6章　書架分類

図6.1　館内案内図

図6.2　日本十進分類法
〈新訂9版第1次区分表〉

図6.3　階、コーナー案内図

図6.4　書架列見出し

る。通常、一つのコーナーは複数の書架列（書架群）で構成されている。書架列ごとにつける見出しを「書架列（の）見出し」という（図6.4参照）。列の端側面に、その書架におさまった資料の主題の項目名（分類記号）を表示する。書架列を"stack"という。この語はまた"書架"を表す語でもある。

(3)書架の見出し

　書架は、書架列内の個々分割、独立した各一基である。書架見出しは、各書

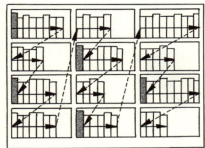

図6.5 書架見出し　　　　図6.6 書架・書棚の流れ（順）

架に関する見出しで、各書架の正面上外部に、納めた資料の主題の項目名（分類記号）を表示する（図6.5参照）。これが、その書架（一基）が上部から下部に至るまで、その表示された主題の資料の範囲で配架していることを示す（図6.6参照）。

　書架見出しの分類レベル、詳細さをどの程度とするか、そのことを指示する行き方もあるが、個々の図書館における蔵書量、開架量が異なるので、書架ごとへの収納資料の分類レベルを示すことは当を得ないであろう。

(4)棚（シェルフ）の見出し

　次のステップとは、シェルフ（shelf）の案内である（以下、"shelf"は"棚"と呼ぶ）。通常、書架一基中では6段程度の棚がある。各棚の最左部に図書類似の表示板を用いて「棚の見出し」をする（図6.7参照）。利用者に各棚の中身（並べ方）を示すものである。棚の途中から異なる分野に転ずる場合にも新たな表示板を配する例がある。なお棚自身が棚見出しのための小片を挿入する枠をもつ構造となったものもある。

(5)所在記号（location mark）・請求記号（call number）

　最後のステップは、所在記号（location mark）である（図6.8参照）。「所在記

第 6 章　書架分類

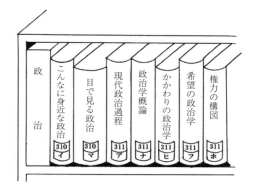

図6.7　棚見出し

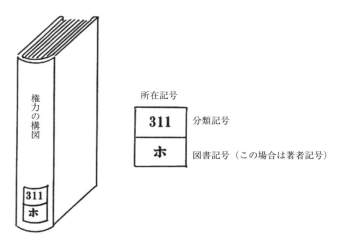

図6.8　所在記号

号」は、資料1点ごとのラベルの表示で、それによって配列（配架）し、利用者の資料検索に役立てる。一般図書の場合、所在の第一は分類記号であり、第二は図書記号である。一般図書以外の場合、分類記号に先立って別置記号をつけ、それに基づいて特定の文献が集まる。一般図書とは異なる所在位置に別置配架される。詳細は本章4.1を参照のこと。

1.2 配架のための仕組み

　図書館における配架では、上述のようにメディア別に資料を集める例がある。また参考図書など特別のコーナー（別置）を設けることがあり、利用頻度が低い資料のために書庫を設けることも少なくない。こうした分類記号を第一の配列軸としない配架を、別置と呼ぶ。別置では、別置（メディア）の種類ごとに、特別のマークを用意する。これを別置記号という。

　先に見たように、資料1点ごとに所在記号を示し、次のような記号をラベルの各段に記す（別置記号は分類記号に冠して同一の段に記すことが多い）。

〈一般図書〉　〈別置資料〉　〈雑誌・新聞など〉
分類記号　　　別置記号　　　誌名・新聞名順
図書記号　　　分類記号

1.3 書架分類

　資料を主題別に配置する。この原則を体系化、記号化したのが資料分類表である。歴史的には図書を書誌上に記録、配列するための分類（書誌分類）から始まり次に書架上の配列（書架分類）の方法へと進展した。

　同一分類の中を区分するために、図書記号が付されることがある。一般図書の所在記号は通常、分類記号（ラベル1段目）と図書記号（ラベル2段目）で構成される。上下本などの場合、ラベル3段目を用いて巻数や複本を表示することがある。ただしラベルは図書の背文字の邪魔をしないよう2段程度にとどめたい。

　書架分類（図6.9参照）は、書架見出し（図6.4参照）となることが多い。図書の中身である内容（主題）のすべてがそこで把握されるわけでない。図書によっては一冊に複数の内容（主題）」を含むものもある（図6.10参照）。

　ここに分類目録が登場する。図書に含まれるすべての内容（主題）を軸に検索に資するものである。図書が含む内容（主題）に照らして必要な数だけの検索ポイントを実現する。

第6章　書架分類

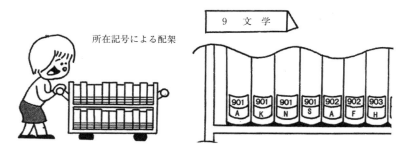

図6.9　書架分類

図6.10　書架分類と書誌分類

② 分類表
──分類作業のためのツール──

　配架には基準が必要である、一般資料の配架では主題、分類による配架がとられる。注意すべきは、分類配架が必ずしも記号（数字など）によるとは限らないことである。コトバによる見出しが用いられることがある。それはコトバによる配架のように見えるが、コトバの音順（件名順）ではなく、実は、類を

もって集め、近接させた分類配架なのである。

分類配架のために、いくつかの伝統的な資料分類表がある。

2.1 分類と資料分類表

(1)分類表の基本的問題

　資料分類に照準をあて、分類表一般に共通の基本的問題を考察する。

①階層性——階層分類

　分類（表）は、上位概念から下位概念へ展開する。同時に下位概念からいえば、上位の概念の枠に集合されていることになる。これら概念は段階的に細かく構造化される。

　例えば「ピアノ」の場合、芸術—音楽—器楽—ピアノ、と、あたかも階段を上段～中段～下段へと一段ずつ昇り降りするかのように、段階的な流れで把握できる。これが階層分類と呼ばれる構造である。

　近代の資料分類のほとんどは、後述のように、記号的にも階層構造を採っている。

②分類（区分）の三要素と交叉分類の禁止

　階層分類手法にしたがって主題を全体から部分へと分類する場合、分ける対象（全体）を被区分体、分けた結果を区分肢、分けるための基準を区分原理といい、これら三つを分類の3要素と称する。区分原理が一貫性を欠き、区分肢が重なる状態を交叉分類と呼ぶ。これは分類表上避けるべきである。なお区分は分類（集める）の対概念（分ける）である。

(2)資料分類表が備えるべき要件（主題・形式・分類記号・索引）

　資料分類表は、下記のことを備えていなければならない。

　第一に、もれなく、「主題」を包摂し、「主題」は「知識分類」へ原則として順応していること。

　第二に「形式」を表わす機能をもつこと。

　「知識分類」にはない工夫も必要である。工夫の最大例は「形式」の設定で

ある。「形式」で主題を設ける。あるいは、内部階層、補助区分とする。

　第三に、分類記号をもつこと。記号として表現したもの、それが分類記号である。

　第四に、索引を備えること。分類表中のどこに求める主題が在るかコトバで探し、検索事項が相対する分類記号を把握できるよう図るのがこの索引である。資料分類表では「相関索引」という比較的精密なかたちをとることが多い。

2.2　世界の資料分類表（法）

　図書（館）分類表は、知識の分類に源流がある。アリストテレス（Aristoteles）の3分法、F.ベーコンの学問分類などにつながっている。

　図書館分類表としては記号を有し公刊されていることを条件とする。BC 3世紀にカリマコスがアレクサンドリア図書館の図書目録"ピナケス"（Pinakes）が最初とされるが現存していない。

　その後、中世僧院図書館で書架番号を用いた実例がある。

　刊本が普及した16世紀なかごろC.ゲスナー（Conrad Gesner）の"世界書誌"（Bibliotheca Universalis）に分類例が記録されたが書誌の関係である。

　フランスでは、G.ノーデ（Gabriel Naude）が『図書館建設のための意見書』（1627年）で分類表を記している。

　19世紀初頭に書籍商・J.C.ブルーネ（J.-C.Brunet）が先行するいくつかの分類表を勘案して、フレンチ・システムと呼ばれる分類表（5部門の主題）を作成した。これは、当時の図書館界でいくらかは参考にされたようである。同世紀中頃イギリスのE.エドワーズ（Edward Edwards）の分類表（6部門の主題）があった。これらは書架分類表を基盤としている。

　ドイツ図書館学は図書分類にも大きく貢献した。書誌分類中心だが主なものは下記である（河井弘志『ドイツ図書館学の遺産』京都大学図書館情報学研究会）。

　簡単に転写すると、次のようになる。

シュッツの分類	フリードリッヒの分類	シュレッティンガーの分類
(Schutz, Christian Goodfriet)	(Friedrich, Johann Christoph)	(Schrettin, Martin Willbald)
1 学問論	1 総記	1 文献学
2 文献学	2 哲学	2 歴史学
3 神学	3 教育	3 数学
4 法学	4 文献学	4 哲学
5 医学	5 神学	5 人類学
6 哲学	6 法学	6 物理学
7 教育	7 医学	7 神学
8 国家学	8 地理学	8 法学
9 軍事学	9 歴史	9 官房学
10 自然学	10 教会史	10 医学
11 実業学…16雑書	11 国家学…16芸術	11 雑書

(1)資料分類表の種別

①汎用分類表と一館分類表――分類表の採用(使用される範囲)の違い

　前者は多くの図書館で使用され「標準分類表」とも称される分類表である。後者は一つの図書館組織ないしは、少数の組織が用いている分類表である。なお「標準分類表」と称されるものにおいても、NDCや韓国図書館分類表のように、自国や自国語を主体としそれに「1」の記号を付与する例がある。そうした分類表には「標準性」が疑問視されることもある。

②一般分類表と専門分類表――分類表での主題の扱いの違い

　一般分類表とはあらゆる主題を総合的に含む分類表で、専門分類表とは特定分野の主題を限定的に扱う分類表である。

③列挙型分類表と合成型分類表――分類表の構造(体系)の違い

　列挙型分類表は主題を階層的に表現する分類表。合成型分類表は分類対象主

題を基礎的な要素に分析し記号で結合するものである。分析合成型分類表とも呼ばれる。

④階層分類表と非階層分類表
　階層分類表は、主題とそれに対応する分類記号が何らかの階層性をもって表現される分類表。現代の代表的資料分類表は殆ど階層分類表である。

⑤数字優先（ナンバー・ビルディング）型と文字（アルファベット）優先型
　数字優先型の分類表は、分類記号主要部分にアラビア数字を用いる分類表。文字優先型分類表は、分類記号主要部分にABCなど文字を用いる分類表。

(2)主要な近代の資料分類表
　近代の資料分類表の条件としては、開架に役立つ書架分類表であること、記号によって表が組成されていること、さらに公刊されていることがあげられる。

①数字優先型
㋐ハリスの分類法
　19世紀後半になると、近代公共図書館の成立に伴い、利用者が書架上の図書を直接利用することを念頭に図書（館）分類表が作成される。その最初のものは1870年セントルイス公共図書館のW. T. ハリスが *Journal of Speculative Philosophy, No.20* に発表した100区分の「図書分類法」である。F. ベーコン（Francis Bacon）の分類構造を基盤としたが、F. ベーコンとは間逆に歴史を最後に配した。結果ハリスの方法は「逆ベーコン方式」と称されている。

㋑デューイ十進分類法（Dewey Decimal Classification and Relative Index：DC）
　M. デューイは1876年3月22日 "Classification and subject index for cataloging and arranging the books and pamphles of library" を自費出版したとその著

作権を米国議会図書館（LC）に申請した。その申請は受理されたが、時の館長A.R.スポフォード（Ainsworth Rand Spofford）はのちに「デューイ十進分類法と知られるものは、元々N.B.シャートリフ氏によって提言されたものである」と記している。

　N.B.シャートリフ（Nathaniel B. Schurtleff）は歴史家・医者でボストン公共図書館初期の理事の一人として1866年同館の配架方法を決定した。手法は開架を分野別に9スペースに分け記号化（1-9）し、次に各スペース内に9本の書架を設置し記号化（1-9）、更に各書架内を9区分記号化（1-9）している。これは彼の私費出版 "A Decimal system for the arrangement and administration of library"（1866年）として残っている。

　M.デューイはシャートリフとは異なり記号「0」をも採用し十進分類法を構築した。逆ベーコン方式をW.T.ハリスから、その他のヒントをC.A.カッター、S.シュワーツ（Jacob Schwartz：ニューヨーク商事図書館）、書籍商N.バテザッティ（Natale Batezatti）から得たとデューイは序文で謝辞を捧げている。

　この著作を同1876年10月6日米国図書館協会大会（ALA）第1回大会で、Decimal Classification and Relative Index として発表した（DC：後にDeweyと冠しDDCと称せられる）。これはまた同年の〈アメリカ建国100年祭：教育局特別報告〉Public libraries in the United States に、C.A.カッターの辞書体目録規則などとともに掲載された。こうして世界最初の相関索引付き階層的列挙型十進分類表ができたとされる（近来は一部に合成法導入）。だがA.W.ウィーガンド（Wayne A. Wiegand）は「創造ではなく既存の長所を合わせたもの」（ウェインA.ウィーガンド著　川崎良孝、村上加代子訳『手に負えない改革者：メルヴィル・デューイの生涯』京都大学図書館情報学研究会，2004，p21-33）と評している。

　第1次区分は次のとおりである。

　　0　総記　　1　哲学　　2　宗教　　3　社会科学　　4　言語学
　　5　純粋科学　6　技術　　7　芸術　　8　文学　　　9　地理・歴史

前から3次目に「.」ドットを打つ。

　第1次区分の分類項目の改変を禁じているが、模造の十進分類表も出たので、タイトルの"Decimal Classification"（DC：十進分類法）を補強して"Dewey Decimal Classification"に変えている。デューイ協会から継いでLCのDC部が管理しているが、発行がOCLCの手に移った。2010年第23版が最新である。米国の公共・大学・学校図書館で大幅に採用された。

㈦国際十進分類法（Universal Decimal Classification：UDC）

　1895年に創設された国際書誌学会（Institut Internatiional de Bibliographie：IIB）の創始者である二人の弁護士P. オトレとH. ラ・フォンテーヌは世界書誌の編纂を試み、その内容にあたる個々の資料（文献）についての主題分析（配列）を目的とした分類表の作成を計画した。それが国際十進分類法（Universal Decimal Classification：UDC）で1905年に発表された。

　第2版はフランス語で1927年から1933年かけて4分冊で発行された。1933年に、詳細第3版がドイツ語で発表開始、1952年完成した（Decimal Klassifikation：DKと呼ばれる）。第4版は、1936年に英語版が刊行され以後も継続。そのほか中間版、簡略版が諸言語で発表されている。日本では1950年最初の訳出があり（国際的には第6版）、1960年に和訳第2版（中間版）が、1968年同第3版（中間版）が出された。現在は推進を中止している。

　管理は永年の間、国際ドクメンテーション協会（Federation de international documentation：FID）でなされたが、現在はUDC Consortiumが行っている。

　UDCは十進分類体系と第1次区分をDCに倣う列挙型分類表である。DCでの「4　言語」を「8　文学」に包摂し、第4類を空番とした。6類では理科系の主題を細分し科学技術分野に詳細な表としている。分類記号を「分類標数」と呼び、3桁ごとに「.」ドットを打つ。

　　0　総合科学・知識　1　哲学　2　宗教　3　社会科学　4　［空番］
　　5　数学・自然科学　6　応用科学・医学・工学　7　芸術・娯楽

8　言語（学）・文学　9　地理・歴史

　最短表現記号を第1次区分記号とし、「社会科学」は「300」でなく「3」と表現する。ただし「30」は社会学に充てている。
　若干の付属記号を組み合わせ、合成型に傾斜したものである。

記　号	読　み　方	用　　途
00	ゼロゼロ	観点
．	ドット	三桁ごとの区切り
…	スリードット	任意の数字の代わり
＋	プラス	標数の並置
／	スラッシュ	標数の連続
：	コ　ロ　ン	標数の関連
∷	ダブルコロン	標数の先'後を固定した関連
［］	カクカッコ	並置、連続、関連の一括、割込み
（）	マルガッコ	場所、形式区分を囲む
" "	クォーテーション	時を囲む
＝	イコール	言語補助記号を囲む
―	ハイフン	固有補助標数
．0	テンゼロ	テンゼロ固有補助標数
'	アポストロフ	アポストロフ補助標数
→	ヤジルシ	参照標数の指示。廃止標数を新標数へ導く

慣例的に、下記の順序で、主標数に補助標数を重ねる。
　ⅰ観点　ⅱ場所　ⅲ時　ⅳ形式　ⅴ言語
　例：1990年代の日本の図書館・博物館を経営論的に著した英語論文
　　０２：０６９．００３（５２）"１９９"（０４３）＝２０
　　図書館　博物館　経済観点　日本国　1990年代　論文　英語（で記した）

現在、推定 1 万を超える機関が UDC を使用。およそ400以上の出版物（抄録誌ほか）が UDC 標数を論文ごとに付与し、主題検索に資している。

㈡日本の数字による書架分類表　NDC 以前、「和洋図書共用十進分類表案」等
　(a)帝国図書館における分類法

　日本初の公的大衆図書館書籍館（1872年）は国立として設置されたが東京書籍館で、その後東京府図書館などと多端な沿革を示した（のち帝国図書館となった）。これらの図書館では、和書、漢籍、洋書に分けた以外、配架法の記録も定かでないが、目録上（冊子型、分類目録）として、東京書籍館は1876年には 6（部）門分類」を残している。また東京図書館は冊子目録上に1886年和洋書に「18門分類」を、翌1887年に和洋別に各 8 門の分類とした（『東京図書館季報』、館長・田中稲城・筆「八門分類表」）。この 8 門分類が1897年設立の帝国図書館（館長・田中稲城）の「八門分類表」となり、以後20世紀前半まで日本の図書館の配架法に影響を残した。この分類表については諸説あるが、E. エドワーズの「マンチェスター図書館式」にならったと見られる。下記の項目順であった。

1 - 4 門：人文科学、5 門：社会科学、6 - 7 門：理工学、8 門：雑誌、新聞等

　1909年、山口県立図書館の佐野友三郎が DDC に倣い、十進分類法を策定した。第 1 次区分で「0」部門を DDC に従い「総記」としたほかは「8 門分類」の順に倣っている。

0　総記　1　哲学・宗教　2　教育　3　文学・語学　4　歴史・伝記・地誌
5　法制・経済　6　理学・医学　7　工学・事美術　8　美術　9　産業・家政

　(b) DDC 模倣の十進分類法
　1915年、全国府県立図書館長会議（一部には「府県図書館協議会」）が、DDC に倣った山口県立図書館の十進分類法百区分を府県立図書館の統一図書分類法

とすることを決議したが決議は拘束性が緩く、例えば大阪府立図書館は独自の十進分類表「和漢書配列分類表」（ODC）を1922年に策定した。同中之島図書館では1989年までこれを実用した。このように1920年代に至っても全国的と認識される図書分類法がなかった。

1927年設立の青年図書館員連盟（青図連）は"標準分類表策定"を設立宣言中に記した。1928年同聯盟機関誌『圕館研究』第1巻2号、3号に森清（後に、もり・きよし）が「和洋図書共用十進分類表案」を発表した。十進構造と概念構成の多くを DC に倣ったが、第1次区配列の一部に C.A.カッターの展開分類法（EC：後述）を採り入れた。

M.デューイの模倣といえば、前述の佐野友三郎、1917年中国の『デューイ模倣書目十類法』の場合もそうであろう。デューイ自体も N.B.シャートリフの模倣といえなくもないが。森清の場合、デューイ協会に実物を送りつけた。そのため同協会の抗議を受けて掲載誌編集長・鈴木賢祐が「日本はアメリカから遠く後進国」との詫び状を出し追及を逃れた（『圕館研究』第1巻4号「Ferows, Dorkas ノ説」p548）。

『圕館研究』掲載の森清著「和洋図書共用十進分類表案」は、下記の『日本十進分類法』（NDC）の元版にあたるので、俗に「NDC0版」とも称される。

その第1次区分表（「主綱表」）は下記である。「文学」、「語学」の位置が現在とは逆であることに留意したい。

0　総記　1　宗教・哲学　2　歴史科学　3　社会科学　4　自然科学　5　工芸学・有用技術　6　産業　7　美術　8　文学　9　語学

㈰日本十進分類法（Nippon Decimal Classification：NDC）森清（もり・きよし）

前記「和洋図書共用十進分類表案」（以下、0版）発表の翌1929年、同稿は青図連の後押しで、間宮商店から森清著の単行書として出版された（212p.；21cm）。第1版と通称される。間宮不二雄（店主；青図連主宰）が「森君ガ Dewey

D.C.ニ模シテ編マレタ」と序文に記し、森清自身も、前稿が「至ッテ不充分ノモノデアッタ。其後ソレ等ヲ訂正シ増補スルト共ニ（中略）『日本十進分類法』ト改メタ」とした（同書「はしがき」）。

構造の大枠は0版と同じだが、大きな相違は、相関索引を付したこと、第1次区分（主綱表）で、下記のように「文学」、「語学」を入れ替えたことである。

0　総記　　1　精神科学　2　歴史科学　3　社会科学　4　自然科学
5　工芸学　6　産業　　　7　美術　　　8　語学　　　9　文学

最短表現記号を第3次区分記号とし（例えば、1は100）、それを超える場合3区分目にのみ「．」（カンマ）を打つ。

NDCを青図聯会員の加藤宗厚がいち早く図書館講習所演習教材へ採用した。また青図連会員の協力で青森県立、函館市立、鳥取県立および天理の各図書館で早々に採用された。

1931年改正増補第2版を発行。森清はこれを携えて新設の鳥取県立鳥取図書館に赴任した。1935年改正増補第3版刊行、森清は新書庫建立の神戸市立図書館に転職し同版を適用する。1936年第26回全国図書館大会で「標準分類表として森清NDCを認定する決議案」が青図聯理事・水野銀次郎（西宮市立図書館長）から出された。だが、否決された。青図連によるNDCの標準分類表化の野望は第二次世界大戦終戦前に実現することはなかった。

1939年同第4版発行、森清は上海日本近代科学図書館員となる。1942年同第5版発行、翌1943年、森清は華中鉄道図書館へ転じる。

ここまでが間宮商店の出版である。1947年、第5版の抄録複製版（146p）が「6版」として明和書院から、同年第5版の全複写が「7版」として出され、翌1948年「7版」の増刷を「8版」として共に宝塚文芸図書館が出した。

「NDCを日本の標準分類表へ」との夢は戦後一挙に進行した。米国図書館使節団のダウンズ勧告を受けNDC5版をNDLが1948年和書へ適用したことを下地に、これを加藤宗厚らの力で文部省『学校図書館の手びき』に採録せしめ

た。ここから学校図書館等へ圧倒的に進入した。

　JLAは1948年分類委員会を設け、長に加藤宗厚を任命、NDCの改訂、発行を開始した。JLAの手になる最初の版は「新訂6版」（1950年）である。それ以前に「8版」まである（既述）が、末期三版は第5版の縮写である。それらと区別し、新体制による版であることを「新訂」との表示で表した。森清は原編者として残ったが、新訂8版以後その表示を「もり・きよし」とした。新訂6版は、第1次区分（「類」と表現）において、以前の版と異なり、次のとおり第1類を哲学（←精神科学）、第7類を芸術（←美術）とした。

　　0　総記　　1　哲学　　2　歴史科学　　3　社会科学　　4　自然科学
　　5　工芸学　6　産業　　7　芸術　　8　語学　　9　文学

　JLA改訂出版の各版を概観する。JLAによる既刊各版で森清は「原編」者と扱われているが新訂8版、新訂9版では「もり・きよし」と表現されている。

1950　新訂6版（B5判）『日本十進分類法：和洋図書共用分類表及び索引』
1951　新訂6-A版（A5判）『日本十進分類法：和洋図書共用分類表及び索引』
1961　新訂7版（A5判）『日本十進分類法』［副書名削除：以後同じ］
1978　新訂8版（A5判）『日本十進分類法』
1995　新訂9版（A5判）『日本十進分類法』2冊（本表編、一般補助表・相関索引編）
2014　新訂10版（B5判）『日本十進分類法』2冊（本表・補助表編、相関索引・
　　　使用法編）

㋔韓国十進分類法（Korean Decimal Classification：KDC）
　韓国十進分類法はその初版が1964年に出されてのち、約10年ごとに改版され、2013年第6版が呉東根博士の編纂により韓国図書館協会から発行された。第4版から第5版の改訂に13年を要したのに比して、5年という比較的早い改版であった。本表と相関索引、解説書の3冊、計1,719ページという構造である。

DDCとNDC、朴奉石の朝鮮十進分類表、LCC、UDCなどを参考にしており、呉博士はこのような特徴を挙げて"チゲ（なべ料理）の分類表"という用語で説明したことがある[1]。

KDCの第1次区分表（主類）は次の通りである。

| 0 | 総類 | 1 | 哲学 | 2 | 宗教 | 3 | 社会科学 | 4 | 自然科学 |
| 5 | 技術科学 | 6 | 芸術 | 7 | 言語 | 8 | 文　　学 | 9 | 歴　　史 |

言語を文学に隣接する位置に移したこと以外は、NDCに比してDDCに忠実と言える。ただし韓国（語）に若い記号を与える点では、NDC同様ローカル性が明白である。KDCは韓国のほとんどの公共図書館や学校図書館が採用しており、韓国における標準分類法ということができる。

㈹中国の十進分類法（20世紀前半）

雄大な文化史を誇る中国における図書分類法の歴史は、四庫分類など伝統をもつ。近代化（民国）以降では、1917年『デューイ模倣書目十類法』（参照：京都大学図書館情報学研究所『中国の図書館と図書館学：歴史と現在』日本図書館協会，2009. p149）、上海図書館協会の杜定友による図書分類法（民国14：1925年）がある。下記は後者の第1次区分である（参照：『日本十進分類法：和漢洋共用分類表及索引』森清編第1版、1929、前出、p13）。

| 0 | 総　　記 | 1 | 哲学科学 | 2 | 教育科学 | 3 | 社会科学 | 4 | 芸術 |
| 5 | 自然科学 | 6 | 応用科学 | 7 | 語言学 | 8 | 文学 | 9 | 歴史地理 |

ただし、その前後中国は戦火を蒙り、1949年、中華人民共和国となり今日に至っている。中国図書館図書分類法は1975年に刊行され、記号法にはアルファ

---

1) Dong-Geun Oh. "Developing and Maintaining a National Classification System, Experience from Korean Decimal Classification." *Knowledge Organization* Vol. 39, No.2, 2012.

ベットとアラビヤ数字を採用した。次項（文字：アルファベット優先型分類表）で説明する。

②文字（アルファベット）優先型
㋐E.エドワーズの分類表（英国）
　公共図書館の父E.エドワーズ（Edward Edwards）が1859年発表した（Memoirs of libraries : including a handbook of library economy. - London : Tubner）もの。

　　Class A: Technology （1-2）　Class B: Philosophy （1-3）　Class C: History （1-10）　Class D: Politics and commerce （1-14）　Class E: Science and arts （1-10）　Class F: Literature and polygraphy （1-10）

帝国図書館八門分類表が影響を受けたと見られる（『日本図書館学史序説』理論社、1960、p88-90）目録のための分類表として出発したため書架分類表とされないことが多いが英国内中心に書架分類に使用。第1次、（第2次）区分は上記のとおりである。

㋑展開分類法（Expansive Classification：EC）
　C.A.カッターは、1891年展開分類法（EC）を発表した。米国図書館協会会長でもあった彼はボストン・アセニウム館長時代に「辞書体目録規則」を策定したが、配架を目的とする分類表（Boston Atheneum Classification）を1870年作成していた。これを改訂したものがECである。歴史と社会科学を接近させ、語学と文学を隣接させてDCに見られる逆ベーコン方式の構造（主題の列挙）の欠点を是正したことは、その時代の学問動向に合い、大学図書館などにも有用な改良であったといえよう。分類表を第1表から第6表へと順次、展開して、主題を詳細に細分させることにより、小規模から大規模な図書館まで、その蔵書量に合わせた適用が可能であるとも評される。なお、第7表はカッターの死

去に伴い未完成となり、分類表としての展開も未完である。記号法にはアルファベットを基礎としてアラビア数字を付す。

㈦米国議会図書館分類表（Library of Congress Classification：LCC）

　1904年策定された。一館分類表だが、同館印刷カード（1901年）、MARCなどに表示され米英の大学図書館等を中心に普及した。議会図書館（中央図書館）の蔵書を分類配架するための分類表として作成され、当時、すでに主要分類表として広く普及していたDCが分類表の構造の変更を許容しない立場であったことから、分類表の基本構造をカッターのECに倣いつつ、体系としては主題を21に区分し、そのもとに各主題が詳細に下位の区分へ細分化されている。主題の配列については人文・社会系と理工医歯薬系を明分する点において際立っており、人文系と理科系を明確に仕分けしている。またLCCの多様な蔵書を主題別に配架するための大部で詳細な構造は、ほかの列挙型分類表とは異なり一種の専門分類表の集成といえる。記号法はアルファベットとアラビヤ数字の混合である。

㈢国立国会図書館分類表（National Diet Library Classification：NDLC）

　日本では1963～68年、国立国会図書館分類表（NDLC）が刊行されている。国立国会図書館の蔵書構成に見合った分類表として体系化され、国の中央図書館として法定納本制度に基づき収集される国内の出版物並びに外国の出版物をも網羅する同館の所蔵資料を想定した展開がなされている。同時に議会図書館（国会図書館）としての性格から、議会・行政・司法関連の資料収集にも対応した構造をもち、これら部局重点の専門分類表としての性格を兼ね備える。この点では一般分類表を心がけたLCCと異なる立ち位置がうかがえる。記号法はLCC同様、アルファベットとアラビヤ数字の混合記号である。分類表全体に適応する補助表はないが、主題によって国名記号表や著者記号表などを含み、総索引をもつ。1987年から改訂版が刊行され、以後から、順次部分的な改訂がなされている。分類記号がJAPAN/MARCに付与されているが普及率は低く、

ごく少数の大学図書館で新館書架に採用を見た程度で一館分類表の域にとどまっている。

(オ)ブリス書誌分類法（Bibliographic Classification：BC）

　H.E.ブリス（Henry Evelyn Bliss）が1935年〜53年に渡って刊行した書誌分類法（BC）は、当時の、主題配架（書架分類）を目的とする列挙型分類表の構造を批判し、資料に含まれる主題に対するより詳細で緻密な表現（書誌分類）の実現を目指して編纂された。その体系は総記にあたる先行類の下に、学問的な知識体系を基盤とする主題の配列、理論と応用の並置、別法に拠る二者択一の用意、補助表の記号合成に基づく主題表現の精緻化（詳細化）などに独自性を見る。アルファベット及びアラビヤ数字に拠る混合記号法を採用している。その後、英国分類法研究グループ（CRG：Classification Research Group）のメンバーであるミルズ（J.Mills）が中心となり分類表の改訂作業に着手、第二版（BC 2）の刊行を始めた。S.R.ランガナタンのファセット理論（次項）を取り入れた列挙型に合成型を組み込んだ分類表の改変に努めている。

(カ)コロン分類法（Colon Classification：CC）

　S.R.ランガナタンによって1933年に発表されたコロン分類法は、あらゆる主題を上位から下位の概念へと区分し、各々に記号を付す列挙型分類表とは異なる分析合成型の構造を有する。あらかじめ各主題分野における概念を基本的な構成要素（面）によって区分（分析）し、各々の要素に記号を準備、これに分類対象資料を対照させて、その内容に適合する記号で再度結合（合成）する手法を採る。分類対象をファセットと呼ばれる面（Facet）に基づき分析する原理で、それはPMESTという5面（Personality, Matter, Energy, Space, Time）において分類し合成するものである。記号法にはアルファベットとアラビヤ数字を用い、分類記号を合成する際の結合記号にコロン（：）を採用した（コロン分類法の名前の起源）。この合成型の分類で論文検索（詳細な主題検索）に向いている。LCCに倣い文系と理系を明確に区分したが、理系分野を先行させて

第6章　書架分類

いる。分類表の基盤構造の理論面を初めとして優れた点は少なくないが、その内容的な難解さから採用館は少ない。ランガナタンの功績は、このコロン分類法に限らず、後述の本章第4節4.1(2)②(エ)の年代記号法、さらに分類目録の件名索引としてのChaine Indexing、図書館の原理を謳った『図書館学の5法則』など多岐にわたっている。

㈭中国図書館図書分類法（20世紀後半〜）

　1954年「中国人民大学図書分類法」が先駆けであるが、1975年「中国図書館図書分類法」が刊行され、中国国内の多くの図書館が利用する分類表となっている。記号法にはアルファベットとアラビア数字を採用したもので、構造は、先ず分類表全体を五つの主題分野（5大部類：マルクスレーニン主義・毛沢東思想、哲学、社会科学、自然科学、総記）に大別したうえで、それらを22の部門（基本部類：A〜Z、新主題の採用への対応並びに分類表の拡張に備えて記号のアルファベットには欠号あり）に細分するという体系的な特徴を有する。

　6種類の補助法（総論複分表、世界地区表、中国地区表、国際時代表、中国時代表、中国民族表）をもつ。

2.3　日本十進分類法（NDC）新訂10版による分類作業

(1) NDCの概要——体系と記号法

　十進分類法に立つ階層分類表で、列挙型分類表（事前結合型）である。

(2) 本表の構成——類・綱・要目・細目表

　NDC本表は、第1次（類目）（図6.10参照）・第2次（綱目）（図6.11参照）・第3次（要目）表と展開する。

```
世の中のすべての知識（主題）
  哲学・歴史・社会・自然・技術・産業・芸術・言語・文学　＋　その他（総記）＝10
           九つ                                    一つ
```

図6.10　第1次区分

表6.1 代表的図書館分類表例

名称	ハリスの分類法	デューイ十進分類法 Dewey Decimal Classification (DC. DDC)	国際十進分類法 Universal Decimal Classification (UDC)	日本十進分類法 Nippon Decimal Classification (NDC)
編者	William T.Harris	Melvil Dewey	国際書誌学会	森清（もり・きよし）
刊行年	1870	1876	1905	1929
普及		世界的に普及	欧州の図書館	日本国内に普及
構造	列挙型分類表	列挙型分類表	列挙型と分析合成型	列挙型分類表
体系	1-63　科学 64-78　芸術 79-97　歴史 98-100　付録	0　総記 1　哲学 2　宗教 3　社会科学 4　言語 5　純粋科学 6　技術 7　芸術 8　文学 9　地理・歴史	0　一般事項 1　哲学 2　宗教 3　社会科学 5　数学・自然科学 6　応用科学・医学・工学 61　医学・薬学 62　工業技術 63　農業水産業 64　生活科学 65　管理技術 66　化学工業 67　各種工業 68　精密機械その他 69　建築工業 7　芸術・娯楽 8　言語・言語学・文学 9　地理・伝記・歴史	0　総記 1　哲学 2　歴史 3　社会科学 4　自然科学 5　技術 6　産業 7　芸術 8　言語 9　文学
記号法	1〜100までの記号	十進記号法	十進記号と若干の記号	十進記号法
特徴	・最初の書架分類 ・逆ベーコン方式 ・DCに影響	・実用性 ・補助記号 ・相関索引を付す ・2011年23版LCで管理	・科学技術部門の学術論文に適する書誌分類 ・UDCコンソーシアムが管理	・記号法はDC、第1次区分の配列順のおおよそはECに拠る。 ・日本の事情に照準 ・現在はJLAで管理

第6章 書架分類

名称	展開分類法 Expansive Classification (EC)	アメリカ議会図書館分類表 Library of Congress Classification（LC, LCC）	国立国会図書館分類法 National Diet Library Classification (NDLC)	コロン分類法 Colon Classification (CC)
編者	Charles Ammi Cutter	アメリカ議会図書館	国立国会図書館	S. R. Rnganathan
刊行	1891-1911	1904-	1963-1968	1933
普及	アメリカの一部	英米の大学図書館等	日本の大学図書館の一部	採用は稀少
構造	列挙型分類表	列挙型分類表	列挙型と分析合成型	分析合成型分類表
体系	A　総記 B-D　哲学・宗教 E-G　歴史諸科学 H-K　社会科学 L-Q　自然科学 R-U　技術 V-W　芸術 X　言語 Y　文学 Z　図書館学	A　総記 B　哲学・宗教 C-F　歴史 G　地理 H-L　社会科学 M-N　音楽・美術 P　言語・文学 Q　自然科学 R　医学 S　農業 T　工学・工業 U　軍事工業 V　海事工学 Z　書誌・図書館学	A　政治・法律・行政 B　議会資料 C　法令資料 D　経済・産業 E　社会・労働 F　教育 G　歴史 H　哲学・宗教 K　芸術・文学・語学 M-S　科学技術・数物系 U　学術一般・ジャーナリズム・図書館 W　古書・貴重書 Y　児童図書・教科書・特殊資料 Z　逐次刊行物	a/z　総記 1-9　プレミナリー A　自然科学 B　数学 C-F　物理科学 G　生物学 H　地学 I　植物学 J　農学 K　動物学 L　医学 M　応用科学・体育 N-S　人文科学 Σ　社会科学 T　教育 U　地誌 V　歴史 W　政治学 X　経済学 Y　社会学 Z　法律
記号法	ローマ字と数字	ローマ字と数字	ローマ字と数字	ローマ字・ギリシア文字、数字
特徴	・未完成 ・理論的 ・体系はLCやNDCに影響	・ECに基づく配列 ・専門分類表を大成 ・索引は各部門ごと	・政治。法律先攻 ・別置資料も組み込む	・分類法の理論的な側面に高い評価 ・ファセット分類 ・書誌分類に適す

「第1次区分（類）」	「第2次区分（綱）」	「第3次区分（要目）」	「細　目」
0 総記	7 芸術	76 音楽	763.1
1 哲学	71 彫刻	761 音楽の理論	763.2 弦楽器：ピアノ、ハープコード、グラビコード
2 歴史	72 絵画	762 音楽史	763.3 オルガン
3 社会科学	73 版画	763 楽器・器楽	763.4 弦楽器　　763.42 バイオリン
4 自然科学	74 写真	764 器楽の合奏	763.5 撥弦楽器
5 技術	75 工芸	765 宗教音楽	763.6 吹奏楽器
6 産業	76 音楽	766 劇音楽	763.7 木管楽器
7 芸術	77 演劇	767 声楽	763.8 打楽器
8 言語	78 スポーツ	768 邦楽	763.9 電子楽器
9 文学	79 諸芸	769 舞踊	
10 グループ	100 グループ	1000 グループ	1000 以上
（10）	（10×10）	（10×10×10）	（10×10×…以下）

図6.11　NDC 新訂10版における区分展開例

最初に「9個の主題＋1個のその他＝10グループ」に区分し、次いでそれぞれをまた「10グループ」に細分して10×10＝100のグループに、さらにまたそれぞれを再度「10グループ」に細分して10×10×10＝1000のグループに分ける。

(3)区分肢の調整

　主題を階層構造によって体系化する列挙型分類表では、分類記号も、本来、主題の体系に合わせて付与されるべきであるがNDC、十進記号法では記号が0～9までの10個に限られることから、主題の体系（区分肢）も常に10の主題の範囲に限定される。しかも10個の記号のうち、1個（0）は総合を意味するため実質的な主題（区分肢）は9個である。

　このことから、主題が9個以上ある場合（区分肢が9個を超える場合）や、逆に主題が9個未満しかない場合にも、常に分類表には9個単位の区分肢（9個の記号）を設けなければならないという記号法上の制約を受けることになる。

　NDCではこの問題を解決するために、次のような取り扱いを行っている。

①主題が9個以上ある場合（区分肢が記号の9個を超える場合）
(ｱ)比較的関連性の高い主題へ含める
<u>第1次区分での主題枠は9個である。</u>その枠が下記の9主題に与えられている。

1哲学　2歴史　3社会科学　4自然科学　5技術　6産業　7芸術　8言語　9文学

NDCは宗教、地理、医学、家政学、スポーツ、娯楽にも第1次区分枠を与えたと見せるために哲学に宗教を、歴史に地理を、自然に医学をと同居させた。

16　宗教　29　地理　49　医学　59　家政学　78　スポーツ　79　娯楽

(イ)主要な主題に1～8の記号を与え最後の記号9をその他として一括する。

第1次区分の8語学及び9文学のもとの第2次区分に現れている。

81　日本語　82　中国語　83　英語　84　ドイツ語　85　フランス語
86　スペイン語　87　イタリア語　88　ロシア語　89　その他の言語

91　日本文学　92　中国文学　93　英文学　94　ドイツ文学　95　フランス文学
96　スペイン文学　97　イタリア文学　98　ロシア文学　99　その他の文学

②主題が9個未満の場合（区分肢が記号の9個に収まる場合）

下位の主題を同列に昇格させて記号を9個にまとめる。

その例を第2次区分で見る。概念間の格差は段落で表示する（下線は筆者）。

　　　　　　　16　宗教　　　　46　生物科学
　　　　　　　17＿神道　　　　47＿植物学
　　　　　　　18＿仏教　　　　48＿動物学
　　　　　　　19＿キリスト教

(4)各類概説

　〈0類　総記〉

総記。1類から9類に属さないもの、および複数の主題にまたがるものに総合的な内容の主題を収める。1～9類には含まれない主題：知識。学問（002）、図書館（01）、ジャーナリズム（07）など。総合的なものは百科辞典（03）、雑誌（051/058）、年鑑（059）、団体（06）、新聞（071/077）、叢書（08）など。

〈1類　哲学〉

哲学群：哲学（1/139）、心理学（14）、倫理学（15）,宗教（16）が加わる。

〈2類　歴史〉

歴史群：歴史（2/279）、伝記（28）に、地理（29）を同居させた。

〈3類　社会科学〉

政治（31）、法律（32）、経済（33）、財政（34）、統計（35）、社会（36）、教育（37）、風俗．民俗（38）、国防（39）。関係技術と産業は5、6類に。

〈4類　自然科学〉

自然科学群：数学（41）、物理学（42）、化学（43）、天文学（44）、地学（45）、生物学（46/48）に、医学．薬学（49）を同居させている。

〈5類　技術〉

技術．工学群：建設．土木（51）、建築（52）、機械．原子力（53）、電気．電子（54）、海洋．船舶（55）、金属．鉱山（56）、

第二次産業：化学工業（57）、製造（58）。

このほか、家政学．生活科学（59）をおいている。

〈6類　産業〉下記の構造である。

第一次産業：農業（61）、園芸（62）、蚕糸業（63）、畜産業。獣医学（64）、林業（65）、水産業（66）

第三次産業：商業（67）、運輸．交通（68）、通信事業（69）が雑居する。商業（67）が経営（335）と分散していることが大きな欠点である。

〈7類　芸術〉

芸術・スポーツ・諸芸の三つの部門によって構成。

美術：彫刻（71）、絵画・書道（72）、版画（73）、写真．印刷（74）、工芸（75）。そして、音楽．舞踊（76）、演劇．映画．演芸（77）。

これに、スポーツ（78）、諸芸（79）を付加。諸芸には娯楽を含めた。

〈8類　言語〉

言語学と各言語（言語区分）。主たる言語に1－8を与え、残りを「その他の言語」へ。

第6章　書架分類

第2次区分表（綱目表）

- 00　総記
- 01　図書館．図書館情報学
- 02　図書．書誌学
- 03　百科事典．用語索引
- 04　一般論文集．一般講演集．雑著
- 05　逐次刊行物．一般年鑑
- 06　団体．博物館
- 07　ジャーナリズム．新聞
- 08　叢書．全集．選集
- 09　貴重書．郷土資料．その他の特別コレクション

- 10　哲学
- 11　哲学各論
- 12　東洋思想
- 13　西洋哲学
- 14　心理学
- 15　倫理学．道徳
- 16　宗教
- 17　神道
- 18　仏教
- 19　キリスト教．ユダヤ教

- 20　歴史．世界史．文化史
- 21　日本史
- 22　アジア史．東洋史
- 23　ヨーロッパ史．西洋史
- 24　アフリカ史
- 25　北アメリカ史
- 26　南アメリカ史
- 27　オセアニア史．両極地方史
- 28　伝記
- 29　地理．地誌．紀行

- 30　社会科学
- 31　政治
- 32　法律
- 33　経済
- 34　財政
- 35　統計
- 36　社会
- 37　教育
- 38　風俗習慣．民俗学．民族学
- 39　国防．軍事

- 40　自然科学
- 41　数学
- 42　物理学
- 43　化学
- 44　天文学．宇宙科学
- 45　地球科学．地学
- 46　生物科学．一般生物学
- 47　植物学
- 48　動物学
- 49　医学．薬学

- 50　技術．工学
- 51　建設工学．土木工学
- 52　建築学
- 53　機械工学．原子力工学．
- 54　電気工学
- 55　海洋工学．船舶工学．兵器．軍事工学
- 56　金属工学．鉱山工学
- 57　化学工業
- 58　製造工業
- 59　家政学．生活科学

- 60　産業
- 61　農業
- 62　園芸．造園
- 63　蚕糸業
- 64　畜産業．獣医学
- 65　林業．狩猟
- 66　水産業
- 67　商業
- 68　運輸．交通．観光事業
- 69　通信事業

- 70　芸術．美術
- 71　彫刻．オブジェ
- 72　絵画．書．書道
- 73　版画．印章．篆刻．印譜
- 74　写真．印刷
- 75　工芸
- 76　音楽．舞踊．バレエ
- 77　演劇．映画．大衆芸能
- 78　スポーツ．体育
- 79　諸芸．娯楽

- 80　言語
- 81　日本語
- 82　中国語．その他の東洋の諸言語
- 83　英語
- 84　ドイツ語．その他のゲルマン諸語
- 85　フランス語．プロバンス語
- 86　スペイン語．ポルトガル語
- 87　イタリア語．その他のロマンス諸語
- 88　ロシア語．その他のスラブ諸語
- 89　その他の諸言語

- 90　文学
- 91　日本文学
- 92　中国文学．その他の東洋文学
- 93　英米文学
- 94　ドイツ文学．その他のゲルマン文学
- 95　フランス文学．プロバンス文学
- 96　スペイン文学．ポルトガル文学
- 97　イタリア文学．その他のロマンス文学
- 98　ロシア・ソビエト文学．その他のスラブ文学
- 99　その他の諸言語文学

図6.12　NDC新訂10版第2次区分　（各類の総記＝第1次区分はUDCに倣い一文字で表す）

〈9類　文学〉
　文学の作品および研究を扱う。主たる言語に1－8を与え、残りを「その他の文学」へ。

(5)第2次区分（綱）下の第3次区分、「目」以下の概要
　第2次区分（綱）以下の第3次区分、「目」以下の展開は多様であり一概にまとめることは難しい。列挙型であるから、綱の下の分割も、事象、作用、主体、時代、地理、人、言語・語族などが、類、綱、目ごとに異なり、組み合わさっている。そうしたなか、下記の2点を拾いだして考察する。
①中間見出し（Centered entry）（NDC 9　p. 24）
②補助表（言語区分、共通区分）の活用：8類、9類の綱、目。

(6)分類補助表
　補助表とは主題を本表（細目表）で十分に表現できない場合に用いる二次的な分類表で、文字通り本表を補うための補助的な分類表である。必要に応じて本表（細目表）の分類記号に補助表の記号を付加する方法で使用する。
　一般補助表には、形式区分・地理区分・海洋区分・言語区分・言語共通区分・文学共通区分の6種類がある。
　固有補助表は一つの類の特定の部分にのみ共通して使用が認められている補助表で、宗教各派などの固有補助表が設けられている。
　なお、NDC 9版では補助表とともに相関索引が同じ分冊に収められている。

3　分類作業
――分類記号を付与するための作業――

3.1　主題分析・主題把握
　資料のタイトル、著者、序文・目次・まえがき・あとがき・解説、さらには書誌類などの参考図書から、主題を判断し確定することになる。

3.2 主題を記号に変換する作業(「ことば」から「記号」への翻訳)

⑴分類表の決定とその適用

　分類作業には、その前提として使用する分類表の決定が必要である。

⑵分類作業、その基本——NDC 9 版を素材として

　作業は先ず、すでに本章第 3 節3.1で触れたように、分類対象とする資料の主題を把握する。

　次いで、把握した主題に基づいて分類表から分類記号を決定する。主題を分類記号に変換する手続き(「ことば」を「記号」に翻訳する作業)である。

　資料の中心的な内容である主題とは抽象的な概念であり、かたちがあるものではない。主題を、頭の中に連想する「ことば」で表現しようとするが、一つの概念はいくつもの「ことば」で表現(連想)できるので、同一の主題にいくつもの「ことば」が存在してしまう。「ことば」(連想することば：自由語)は主題を表わす目印としては適さないわけである。

　そこで、主題を「ことば」(連想することば：自由語)から、客観的な表現である目印、即ち分類記号に置き換えることが必要である。NDCではこの目印に 0 〜 9 までの数字(十進記号)を分類記号として採用し主題を具体化させている。このように、分類作業とは「ことば」から「記号」への翻訳によって主題を分類記号に変換する作業である。NDCを分類表として使用する場合、この作業は、以下のような流れで行うことになる。

　①第 1 次区分表(類目表)による分類　大まかな領域を把握する
　②第 2 次区分表(綱目表)による分類　少し限定した領域を把握する
　③第 3 次区分表(要目表)以下による分類　さらに限定的な領域(主題)に。
　④補助表の適用、必要に応じて補助記号を合成する。
　⑤再度、最終的に本表(細目表)で確認
　　　例：ピアノ(主題)の分類作業　763.2(分類記号)
　［使用する表］　　　　［確認する分類項目］　　【選ぶ記号】

```
「第1次区分表（類）」 ………… 7 芸術        →   7
「第2次区分表（綱）」 ………… 76 音楽. 舞踊   →   76
「第3次区分表（目）」 ………… 763 楽器. 器楽  →   763
「細目表」 ……………………… 763.2 ピアノ    →   763.2
```

　「ことば」から「記号」への翻訳、変換の作業、その手順は、NDCの分類記号を見出しとして、主題に関し頭の中で連想することばと、分類記号に付されていることば（名辞・分類項目名）を見比べて、両者を対照させながら適応する分類記号を選んで行く。

　この際、列挙型分類表としてNDCがもつ主題の階層化（階層分類：主題を上位の概念から下位の概念へ細分する）の特徴を活かして、一度で主題に対応する分類記号を選ぼうとするのではなく、第1次区分表〜第4次区分以下（細目表）へと、順次、分類表を辿りながら分類記号を選ぶようにして、最終的に主題に適した分類記号を決定しよう。

　ここで重要なことは、主題（連想することば）と分類記号（その名辞・分類項目名）のマッチングは、同じ表現のことばを探すのではなく、同じ意味のことば（概念：同義語・類義語）を探すというイメージで分類記号を選ぶ。

3.3　相関索引（relative index）の活用

　NDCの相関索引は、ことば（分類項目名）を見出しとして、分類表中の対応する分類記号（分類項目）を導くことができる機能をもつ。分類項目にない語を索引語として本表にいたることができ、1主題でもその関連において様々な分野に散らばっている場合も1ヵ所で検索可能である（図6.13参照）。

　相関索引の使用については、一定の留意が必要である。分類作業で主題の「ことば」から「記号」への翻訳を行う場合に、積極的に相関索引を使用することもひとつの方法ではあるが、NDC本表は主題を階層化した構造をもっており、それを活かして分類記号を選ぶこと（手順）も十分に有効な作業の方法である。また、この方法による作業は、NDCが持つ分類表としての構造的な

```
相関索引（事例：NDC10版「相関索引」より抜粋）
【ア】

        あい （作物栽培）      617.8
             （植物学）        479.64
             （染料）          577.99
        愛   （キリスト教）    191.7
             （心理学）        141.62
             （仏教）          181.6
             （倫理）          158
        相生                  *164
        アイオワ州            *5352
        愛玩動物              645.9
```

図6.13　相関索引

特徴についての把握と、さらにそこに含まれる様々な主題（概念）に関して、その全体と相互の関係を理解するうえでたいへん有益な手法でもある。これから図書館の分類や分類作業について学ぶ立場の者は、はじめからすべての作業において相関索引を使用することに慎重であるべきだろう。

3.4　複数主題の優先順位（分類規程）

分類作業では一貫した処理、統一のために、主題の取り扱いに関する規則を設けておく。特に複数の主題が含まれている場合どの主題を優先して書架分類を与えるか適用基準が必要である。こうした基準を分類規程と呼ぶ。分類規程には原則的基準と実際的基準がある。原則的基準は、いかなる分類表を使用する場合にも通じる準則で、W.S.メリル（William Stetson Merrill）の "Code for Classifiers" と W.C.セイヤーズ（W. C. Sayers）の表が著名である。わが国では両者の規程を導入した仙田正雄の『図書分類規則』（蘭書房，1953）や『国立国会図書館和漢書分類コード』（1958）がある。後者は、NDLCの実際上の基準であるが、NDC新訂各版に導入されている。

NDC新訂9版「分類規程」：複数主題の場合を中心に説明する。

(1)主題と形式
　資料は主題によって分類し、その上で主題を表す形式によって細分する。

(2)複数主題
　一つの資料（著作）で複数の主題を取扱っている場合、そのうちの一つの主題が特に中心として取扱われている場合は、その中心となる主題に分類する。しかし二～三つまでの主題を取扱い、どの主題も特に中心となる主題がない場合は、最初の主題に分類する。四つ以上の主題を扱い特に主、中心となる主題がない場合はそれらを含む上位の主題（分類項目）のもとに分類する。

(3)主題と主題との関連
①影響関係
　一つの主題がほかの主題に影響を及ぼした場合、原則として影響を受けた側に分類する。
②因果関係
　主題間の因果関係を取扱ったものは、原因ではなく結果の方に分類。
③概念の上下関係
　上位概念の主題と下位概念の主題とを扱った資料は上位の主題に分類する。ただし上位概念が漠然としている場合は下位概念により分類する。
④比較対象
　比較の尺度として使われている側ではなく、その尺度によって比較されている対象の側に分類する。

(4)理論と応用
①特定主題の理論と応用を扱ったものは、応用された主題に分類する。
②特定理論の特定主題への応用はその応用に分類する。

(5)並列する主題
　並列する主題に一般と特殊という関係があるときは、特殊へ分類する。

(6)主題と材料
　特定の主題を説明するために、材料として取り扱われたものは、説明している特定の主題によって分類する。

(7)多数の観点から見た主題
　主題を表現している観点が二つ以上ある場合、主たる観点から分類する。主な観点が不明なときは、その主題にとって基本となる分類項目に分類する。

(8)主題と読者対象
　特定の読者層を対象に書かれた特定主題の資料（図書）は、職業・性別・年齢などの読者層を示す特定の分類項目に分類する。

(9)原著作とその関連主題
①原則
　特定主題の著作の翻訳、評釈、校注、批評、研究、解説、辞典、索引などは、原著の分類される分類項目に分類する。
②語学学習書
　語学の学習を主目的とした対訳書、注解書の類は、主題または文学形式にかかわらず、学習される言語の解釈、読本として分類する。
③翻案・脚色
　原作の分類項目とは独立して、翻案作家、脚色家の作品として分類する。
④特定意図による抄録
　ある主題を特定の意図から抄録などのかたちに纏められた資料については、その意図する抄録として（その主題として）分類する。

(10)新主題

　分類表に示されていない主題に関する資料（著作）は、その主題と最も密接な関係があると思われる主題に収めるか、新しい分類項目を設けて分類する。

4　所在記号（請求記号）

4.1　所在記号（location mark）
　資料配架、検索・確認上のための記号を所在記号（locaton mark）という。通常、分類記号ほかの記号からなる。
・当該資料にラベル等を用いて表示し、その資料を配架すべき場所を表す。
・この資料の配列先書架の位置、及びその領域の書架を指す。
・検索者が目録検索で得た所在位置情報。これを頼りに配架先へ赴く。

　この記号のシステムは、閉架の時代から書庫資料請求のために用いられていた。そのため請求記号（call number）と称されてきた。しかし開架が中心の現代にふさわしい呼称として所在記号（location mark）の使用が指示されている（NCR1987ⅢR，p304：「請求記号→所在記号」）。

(1)配架記号としての分類記号

　所在記号では大抵の場合、その図書館で採用している分類表の記号と、同一分類記号の下で配列順序を決める図書記号（book number）など巻冊記号とを組み合わす。近代以前に採用されてきた配架方式は、資料種別やサイズ別、受入順などによって資料の配架場所を固定させる固定式配架法であった。

　固定配架において、配架別・棚別に記号・番号が付される場合、これを函架番号または書架番号（shelf number）ということがある。和装本などを個々の1箱（函）に収納して、収蔵位置を示す場合にも函架番号ということがある。

　近代図書館が発達した19世紀後半、書架分類が普及した。書架分類は①同一主題の図書を集結し、その主題に関する蔵書の全体を把握し、希望する図書と同主題の図書の入手を可能とする。②全蔵書の主題別構成を把握し、主題別利

用動向の分析や収書計画を容易にする。
　図書記号は、同一の分類記号をもつ図書を配列・検索の便宜のために個別化し、順序づける目的の記号で、所在記号の一部を形成する。所在記号はもともと総合目録などの個々の記入に対し、その資料を所蔵している図書館名、文庫名などを示すために記載する記号であった（NCR1987ⅢR、p410解説）。データベースや一般の蔵書目録などにも用いられる。

(2)二次的な配架記号──図書記号
　同一分類記号をもつ図書の個別化のための記号を付加することがある。こうした付加の記号を総括して図書記号という。主たるものは次のとおり。
①受入順記号（法）
　同一分類記号ごとに、資料の受入順に一連番号を与える方法。叢書の続巻とか複本などに最初の巻などと記号を共通させ、その下に巻冊番号、複本記号まで付与するかたちがある。
　受入順記号法は、単純で個別化を図る。例えば書庫内の配列に有用とされる。記号の付与が受入順という偶然性に拠っており開架資料のブラウジングに不向きで、コンピュータにおける個別資料の確認上有用といえない。
②年代順記号（法）
　同一分類記号内の図書をその出版年順に配列する方法で、出版年を記号化して図書記号にあてる。同一刊年の別図書には、補助記号を追加する例が多い。年代記号は、理工学など、新鮮な著作に興味が示される分野で有効であろう。
(ア)『ビスコー年代記号表』（Walter S. Biscoe 編）
　1800年を「G」とし10年ごとに「H」,「I」と記号を進める（1799年以前は100年ごとなどと粗くしている）。各アルファベットの下に下位の西暦年を付す。1999年は「Z9」、2002年は「aa2」、2014年は「ab4」となる。
(イ)『メリル年代記号表』（W. S Merrill 編）
　20世紀出版の場合、西暦表示中央の数字を用いる。例えば1938年刊は「93」。21世紀刊の全てを「A」、2014年は「A14」とする。西暦頭上から三つの数字

を用いる別法がある。

(ウ)『ブラウン年代記号表』(C. D. Brown 編)

　1450年（インキュナブラ初期刊本）を「aa」とし以後1年を追って「ab」、「ac」と進み、26進式のため一周した1476年に ba となる。2013年は「VQ」と思われるが、難解である。

(エ)『ランガナタンの年代記号法』(S. R. Ranganathan 編)

　ビスコー法類似だが、1879年以前を「A」としまとめる。1880年を「B」とし、以後10年刻みで「C」、「D」と進み各西暦下2桁の数字を付す。数字と紛らわしい「I」（アイ）と「O」（オー）は不使用。2010-2019年が「Q」、2100-2109年が「Z」で、2100-2109年が「AA」となる。（『図書館情報学ハンドブック』［日本図書館情報学会編］初版，丸善，1988，p487.『図書分類と図書記号』仙田正雄著，蘭書房，1953，p193参照）

③著者記号（法）

　同一分類記号内を著者名の音順に配列する方法。伝記では被伝者を記号化する。伝記や文学作品（殊に小説）など、多数の著作が同一分類記号のもとに集中する箇所では、著者記号を設けグループ化するほうが探しやすいとされる。

(ア)著者名の頭文字をそのまま使用：著者名の頭文字の1字から数字使用（例 永井道雄は「N」または「ナ」、2字ならば、「NA」または「ナカ」）とする。

(イ)著者名の頭文字と受入順序数を組み合わせる方式　①と1）の合成で両方の欠陥を受け継いでいる。（『簡易図書記号法』木寺清一著，綜文館，1948）

(ウ)著者記号表による方法：著者の姓の綴り字最初の1、2文字をアルファベットで表し以後の綴りを数字に変換する。多くの著者記号表が存在する。

(a)『カッター・サンボーン著者記号表』(C. A. カッター編，Kate E. Sanborn 改訂)

(b)『ブラウン記号表』(C. D. ブラウン編)

(c)『メリル著者記号表』(W. S. メリル編) 数字を基軸とする。

　著者記号の多くは、分類記号と関係したものが多いが、『日本著者記号表』（後述：森清＝もり・きよし編）は分類記号とは無関係に著者番号を策定している。

(3)図書記号内の補助記号

多数の著作をもつ著者の各著作、同一著作の諸版、叢書等の各巻、複本など、図書記号以下を細区分する場合に使用する。以下のような種類がある。

①著作記号

同一著者の複数の著作を区別するために、著作のタイトルの頭文字を図書記号に付加する。頭文字が同じとき、さらに下記区別が図られる。

②巻次記号

1部2冊以上からなる資料の各々を区別するために、巻次を序数として図書記号に付加する。背ラベルの3段目に記入することが多い。

③版次記号

同一著作の異なる版を区別するために、版次を序数として図書記号に付加する。一般に背ラベルの3段目に記入することが多い。

④複本記号

同一著作の同一版を各図書館で複数（複本を）所蔵する場合に各々を区別するための記号であり、背ラベルの3段目に記入することが多い。

(4)図書記号に関するまとめ──図書記号不要論ほか

ほとんどの図書記号は分類とは無関係の論理により、区分原理が一貫しない。また、複雑で適用、運用に手間のかかるものがある。粗分類の下に図書記号を用いている例では詳細分類を用いるという道をとるべきであろう。粗分類でよい図書館は、図書記号を用いる必要はない。ただNDC913.6のように、明治以降全種の小説を同番号に納めるケースは、作家名で著者記号を与えるというような処置を採らざるを得ないであろう。

図書記号は、種類ごとに特徴がある。分野で使い分けられないだろうか、
①受入順記号法は、単純で個別化を図る。例えば書庫内の配列に有用。
②年代（順）記号は、理工学など、新鮮な著作に興味が示される分野で有効。
③著者記号法は、伝記や文学作品（殊に小説）などで有効とされる。

混合的使用は至難で、一種の著者記号のかたちに収めるのがよいだろう。

4.2　別置記号

　原則、全所蔵資料を一元的に分類順配架するが、管理上、利用上などの関係で、一般資料と別に配置・配架することがある。この通常とは別に配架する資料群を別置資料という。

(1)別置の種類

　別置には、参考図書（レファレンス資料）、郷土資料や地方行政資料その他、刊行形式・発行形式が異なるもの（雑誌、新聞など）、利用対象が異なるもの（児童向け、幼児向け、視覚障害者向けなど）、形態が特殊なもの（特に大型・小型の図書など）、情報機器を必要とするもの（CD、DVD、マイクロ資料など）などがある。ほかに、特に人気が高く利用の多い資料（小説、ビジネス関係、健康関係など）が別置されることがあり、貴重書も専用室に別置する。

(2)別置記号

　別置した場合には、それらの配架した場所を示す記号を、分類記号に別置記号（location number，配置記号ともいう。多くはローマ字1字）を付けたかたちで表わす。その場合別置記号を書誌データや図書の背ラベルなどに記す。（下記に次に例をあげる）。

　　　参考図書　R（Reference Books）、児童図書　K（Kodomo）
　　　絵本、漫画本　E（Ehon）、学習参考書　G（Gakushu）
　　　大型本　L（Large）、小型本　M（Miniature）　S（Small）
　　　小説　F（Fiction）
　　　CD（種類名称をそのまま用いる）、DVD（種類名称をそのまま用いる）
　　　マイクロ資料　Mf（Micro film, Micro fiche）
　色テープを用いる方法もある。

第 6 章　書架分類

■□コラム 6 □■

学校図書館における配架

　学校図書館でも NDC9 の記号 0 から 9 へ、左から右へ、上から下へ Z の字を描くように配架するのが基本である。しかし、資料の形態、特性によって基本通りに配架せず、別置するのが適切なものもある（絵本、大型本・小型本、辞書・事典・年鑑などの参考図書、図書以外のメディア）。これらは「別置」であるとわかるように、「大型」「館内」「AV」などと表示して、それぞれの書架内で NDC9 の順に配架する。

　様々な資料が配置されているので、利用者である児童・生徒が分類を知らなくても必要な資料を入手できるよう、丁寧な案内が欲しい。まず、図書館全体がわかる「案内図」を入り口付近に掲示し、各書架の上部や側面に分野などを示した「書架案内」が必要である。第 1 次区分の類目は遠くから一目でわかるような表示が望ましい。

　また、小学校などでは書架見出しの綱目表の項目名は、「44 天文学」を「44 ほし・うちゅう」に、「53 機械工学」は「53 のりもの」など、砕いて表示し、絵などを付すと一層利用しやすい。また小学校低学年への配慮として、資料の図書記号を類目別に色分けした色ラベルやイラストラベルを活用するケースもある。その場合、書架案内表示と図書ラベルを同色や同一イラストにすると案内が行いやすい。また、低書架を利用した絵本コーナーなどは、リボン方式配架で最上段書架を通して横断的な配列をしたり、書架の上部に展示配架をすると、図書に親しみやすく活き活きした雰囲気をつくりだせる。近年、空き教室が増えたために資料を複数の図書室に分けて配架している場合もある。その場合はコレクションを分ける基準を決め、資料配置の案内をしっかりする必要がある。なお、利用上一つの資料（図書）について複数の書架への配架が求められる場合、複本を所蔵して対処することが望ましい。蔵書をしっかりと把握して、利用状況を充分考慮した配架をし、児童・生徒にとって一番身近な学校図書館を利用することで生涯さまざまな図書館を利用できるように、生涯学習の入り口に位置する学校図書館では標準的な資料の組織化が望まれる。

（佐久間朋子）

Question 6 （下の各問題に 50 字以内で答えなさい）

(1) NDC の発展について説明しなさい。

(2) ランガナタンの功績のうち知るところを述べなさい。

(3) 所在記号について説明しなさい。

| 第7章 | 目録・書誌の基準とその歴史 |

1 目録規則の意義

　図書館の目録作業は、あらかじめ定められた目録規則や書誌基準に基づいて行われる。
　目録規則は何のために必要なのだろうか。
　そもそも目録は、各図書館の所蔵する情報資源の記録だから各館独自にマニュアルを作成しておけば利用上十分と見られる。しかし求める資料がその図書館になく、別の図書館で探そうとする場合にはどうだろう。館ごとに組織化の方法や書誌的記録の内容が異なっていたりすると、不都合が生じるのではないか。たとえば、同一の資料であっても、付与される標目（アクセスポイント）がA館とB館とで異なっていると、所蔵を確認できなかったりする。また、同一の資料であるにもかかわらず、タイトルがA館とB館で異なった形で記録されていたとしたら、同じ資料なのかどうか判断できない。さらに、複数の版が存在したり、同じ版でも出版年が異なる場合などでは、記述方法が館によって異なることがあり、同じ内容の資料であっても異なる資料であると誤解を与えたりする（その逆もある）。個々の図書館が独自の方針で目録を作成していると、記入や書誌的記録の内容だけでは同じ資料なのか違う資料なのか区別がつかない。極端な場合、所蔵の有無すら確認できないことになる。こうした不都合を防ぐには、各図書館が同一の規則を採用し、それに基づいて目録作業を行うことが必要である。これが、図書館協力（相互貸借）を推し進める総合目録の構築を可能にするもととなる。
　また、もう一つの理由として、図書館で所蔵されている資料のほとんどは、

同一の図書や同一の雑誌の複製物である、ということがある。このような場合、一つの図書館が代表して書誌的記録を作成し、ほかの図書館はそれをコピーして使用すれば、作業の重複を省けるうえに、上述したような記述の統一、および資料の同定・識別を果たすことができる。これを集中目録作業といい、その成果は、現代では主に機械可読式目録（MARC）として提供されている（第4章第2節2.1参照）。そこで提供される書誌情報は、日本目録規則などの標準目録規則に基づいて作成されたものである。このことは、NACSIS-CATなどにおける共同・分担目録作業にも当てはまる（第4章第2節2.2参照）。つまり、全国レベル（あるいは国際レベル）での書誌情報の流通には標準目録規則に基づいたデータの作成が不可欠であり、目録規則は、そのための基盤整備の役目を果たすことになる。

このように目録規則は、書誌情報の円滑な流通とそれによる総合目録の構築に密接につながっている。各図書館の目録は、標準目録規則に拠ることでこうした循環に入ることができる。歴史的に見ても、目録規則は相互貸借と集中目録作業の進展によって発展してきたといえるのである。

② 近代目録規則の歴史（20世紀前半まで）

2.1 西洋

(1) パニッツィの「目録編纂規則」（1841年）

西洋における近代目録法最初の規則として登場したのは、A.パニッツィ（Anthony Panizzi）の「目録編纂規則（Rules for the Compilation of the Catalogue）」であった。英国の大英博物館の刊本部長であったパニッツィは、1839年、同館の蔵書目録（当時は冊子体）作成のために91か条からなる規則を提案し、理事会の承認を得た。そして蔵書目録の第1巻に組み込まれ、1841年に刊行された。章立てがなく、一連の通し番号のもとに、主に著者標目の選定や形式について定めるという、著者基本記入の規則であった。また、①同一著者の著作を一つの標目のもとに集中させる、②団体の著作（団体標目）を認める、③聖書や書

誌、辞書・事典などに関しては標目として形式標目とするよう規定するなど多くの特徴をもっていた。

(2)ジューエットの目録規則（1853年）
　A.パニッツィの規則が大英博物館1館の目録のためだけに策定された規則であったのに対し、C.C.ジューエット（Charles Coffin Jewett）の規則は、全米総合目録編纂のための目録規則として提案された。米国のスミソニアン協会図書館長であったジューエットは、当時米国の中央図書館としての役割を期待されていた同協会での総合目録の編纂とそれへの参加を、全米の公共図書館に呼びかけた。そして、参加館が使用する統一目録規則を、「図書館目録の構築について（On the Construction of Catalogues of Libraries）」と題する報告書とともに、1853年に刊行した。ジューエットの規則は39か条からなり、パニッツィの規則を下敷きにして簡略化し、若干の修正を加えたものである。記述、標目、参照、配列の4部で構成された著者基本記入の規則であるが、①同一著者の著作は本名のもとに集中させる、②団体標目に地名などを被せず、団体名をそのまま標目とする、③改名・改題した著作は新しい名称に統一する、などの違いがあった。なお、全米総合目録の構想はジューエットの時代には実現しなかったが、その1世紀後の1956年、LC（米国議会図書館）が中心となって『全米総合目録（National Union Catalog）』の刊行を開始したことで、その実がなることになった。

(3)カッターの「辞書体目録規則」（初版1876年〜第4版1904年）
　1869年、ボストンアセニアム館長に就任したC.A.カッターは、自館の蔵書目録を、パニッツィやジューエットの規則に沿った著者目録ではなく、辞書体目録で編纂することに着手した。その過程で策定された『辞書体目録規則』を1876年に刊行した。この規則は当初、冊子体の目録（printed catalogue）を意図していたが、カード目録の普及により1889年の第2版以後は、書名から printed が省かれている。カッターは、この規則の中でまず目録の「目的」とそのための方法を述べ、さらに記入（著者記入・書名記入・件名記入など）の作成方法につ

いて詳述していく。カッターが提示した「目録の目的」は目録の機能を簡潔に説明したもので、後述する「パリ原則」にも採用されている（本章第3節(1)参照）。同様に「件名記入」に関する規則の中で提示された「特殊記入の原則」も、件名法における基本原則として今日に至っている。このようにカッターの目録規則は、カード目録の普及もあって、米国における辞書体目録の発達を促しただけでなく、後の規則にも大きな影響を与えることとなった。

(4)英米合同目録規則（Catalog Rules：Aithor and Title Entries）（1908年）

1876年に ALA、1877年に英国図書館協会（LA）が相次いで創設されると、個人ではなく図書館協会が、図書館協力促進のための目録規則の標準化に乗り出した。ALA は1883年、LA は1881年に各々目録規則を成立させて（LA は1883年更に改訂）、国内標準化の足がかりを作った。

1900年、LC による印刷カード頒布サービスの実施が決定されると、ALA は LC の採用する目録規則と国内図書館の採用する複数の目録規則との調整を迫られた。ALA は、1902年に予備版を策定したうえで、1904年中に新たな目録規則の刊行を目指した。

一方、LA でも1902年に目録規則の改訂作業が始まった。米国側から英米共通の目録規則策定の提案もあり、ALA の予備版を入手して国内の規則との比較検討を行った結果、1904年10月、LA は ALA に対して共通目録規則の作成を申し入れた。そうして制定に向けた共同作業を行い、誕生したのが1908年の『著者書名目録規則』（Cataloguing Rules：Author and Title Entries）である。しかし、「共通の」とはいえ統一しきれない箇所が残った。そのため、相違箇所については英米それぞれの方式を採用した「米国版」「英国版」の二つの版が作成された。特徴は、記入と標目135か条、記述40か条、計175か条からなる著者基本記入の規則で、カッターの目録規則の影響を受けているが、件名規定は含まれていない。

(5)プロイセン目録規則（Instruktion für die alphabetischen Katalog der preßischen Bibliotheken und für den preßischen Gesamtkatalog）(1899年)

　西洋では、19世紀後半からドイツの目録規則が、英米系の目録規則に一線を画して発展してきた。

　1892年プロイセン王立図書館が印刷カードサービスを開始すると、国内の図書館に対しては1890年に成立したプロイセン王立図書館の目録規則の使用が定められた。だが総合目録の構築には不十分な規則であったため改訂が必要となり、1899年に『プロイセン目録規則』(Preussische Instruktionen：PI) を刊行した。1908年には改訂第2版が刊行され、同年、英語訳も米国で刊行された。

　この規則は、基本記入制を採りながらも、英米系の規則が採用していた団体標目を採用せず、団体の著作は書名の下に記入することになっていた。また、カード目録のための配列規則を備え、書名配列においてはドイツ語の特性にもとづく文法的配列規則が採用されていた（英米系の規則のように単純で機械的な配列規則とは異なり、複雑な配列方法であった）。

　この『プロイセン目録規則』はドイツにおける標準目録規則であるだけでなく、オーストリア、ハンガリーなど他のドイツ語諸国においても使用され、ドイツ語圏の標準目録規則として発展する。先の(4)の合同規則成立後は、西洋は半世紀にわたって英米系の目録規則とドイツ系の目録規則とに二分される。

(6) ALA目録規則第2版（A.L.A. Cataloging rules for author and title entries)、LC記述目録規則（Rules for descriptive cataloging in the Library of Congress）(いずれも1949年)

　米国図書館界では、LCの印刷カードの普及により目録の標準化が進展したが、一方で(4)の合同規則を改訂する必要性が指摘されるようになった。出版物の増大と新しいタイプの出版物の出現によって、1908年の目録規則では対応できないことがらが増えたため、条文に規定されていない部分を補い、より詳細な規則を求めるものであった。

　ALAは1932年に目録規則改訂のための委員会を設置し、英国図書館協会

(LA) 及び他の国々の図書館協会と協力して国際的な標準規則への改訂を期した。しかし、第二次世界大戦により LA との共同作業は中断し、その後は ALA のみで改訂作業が行われた。その結果、1941年に『図書館協会著者書名目録規則米国版第 2 版予備版』(A.L.A. Catalog Rules：Author and title entries, preliminary American 2nd ed.) が発表された。

　この規則は「第 1 部　記入と標目」「第 2 部　図書の記述」という 2 部構成で、1908年の規則が88ページの冊子であったのに対し、この予備版は408ページもの膨大な規則であった。あらゆる規則を盛り込んだため、詳細だが複雑で一貫性がなく、特に第 2 部は印刷カードに反映された LC の目録上の慣行をも無視していた。それゆえ、目録作業の非効率化を招くとして強い批判を受け、ALA は再度の改訂を決定した。その際、第 1 部（標目）は ALA が改訂し、第 2 部（記述）は米国議会図書館（LC）が改訂を行っている自館のための記述目録規則に委ねることとした。こうした方針のもと、1949年に刊行されたのが『米国図書館協会著者書名目録規則第 2 版』(A.L.A. Cataloging rules for author and title entries, 2nd ed.) である。さらに同年、LC の『米国議会図書館記述目録規則』が刊行され、ALA目録規則の「第 2 部　記述の部」として採択されるに至った。

2.2　日本・20世紀中葉まで

(1)和漢圖書目録編纂規則（1893年）

　わが国において、最も早い時期に編纂された目録規則は、日本図書館協会（JLA）編纂による「和漢圖書目録編纂規則」である。1900（明治33）年金港堂発行の『圖書館管理法』（文部省編）に附録として収録されているが、実際には1892年 JLA 設立の翌年に編纂されている。和漢書のみを対象とする。「第一　書名」「第二　著者名」とあり、書名記入が優先されていることがわかる。イロハ順または五十音順配列（法）を採っている。

(2)和漢圖書目録編纂概則（1910年）

　(1)の規則の改訂版である。改訂が提起されたのは1909年、その翌年に新規則

が決定した。1912（明治45）年発行の『圖書館管理法』改訂版（1900年刊『圖書館管理法』の改訂版）に附録として収録されている。改訂版とはいえ、内容は(1)とさほど変わらず、曖昧な文言が整理された。配列順は五十音順のみ。

(3)和漢図書目録法（案）（1932年）
　図書館協会公認として使用されていた(2)の規則は、約30の条項しかなく簡略すぎるため、詳細な規則への改訂が望まれていた。大正時代、研究が進展した洋書目録法の和漢書への適用が検討され始めた。1930（昭和5）年、JLAは目録委員会を設置し、1932（昭和7）年に「和漢図書目録法（案）」を作成した。全5章168条からなる規則であったが、和漢書の伝統である書名主記入と西欧の伝統である著者主記入のいずれを採用するかという当時の主記入論争に対し、結論を明記しなかったため、館界に受け入れられなかった。2年後の1934（昭和9）年には最終修正案を『図書館雑誌』に発表したが、これは目録委員会による内部案のまま終わった。

(4)『日本目録規則』1942年版（Nippon Catalog Rules ＝ NCR1942）
　1927（昭和2）年、関西で青年図書館員連盟が結成された。同連盟は、JLAとは別に独自に目録規則の策定を志し、1929（昭和4）年に目録法制定委員会を設置した。西欧流の著者基本記入制を採用し、とりわけ1908年の英米合同目録規則（本章第2節2.1(4)参照）に全体の構成をならった。1939（昭和14）年に成案を完成させた後、2年の実施期間を経て1942（昭和17）年に確定、翌年刊行された。これがNCR1942である。和漢書と洋書の両方に適用される。青年図書館員連盟が名付けたこの「日本目録規則」（NCR）の名称は戦後JLAに受け継がれ、日本の標準目録規則の名称として定着することになる。

(5)『日本目録規則』1952年版（Nippon Cataloging Rules ＝ NCR1952）
　第二次世界大戦後の1948（昭和23）年、占領下の日本に国立国会図書館（NDL）が設立された。その際、連合軍総司令部（General Head Quater：GHQ）特別顧問

として技術指導のため招かれたR．ダウンズ（Robert B. Downs, 1903-1991）は、NDLにおける和漢書の規則として(4)のNCR1942を、洋書には1949年のALAとLCの規則（本章第2節2.1(6)参照）を適用することと、NCR1942の速やかな改訂を勧告した。この勧告を受けて、JLAは1949（昭和24）年にNCR改訂に着手し、内外の規則を参考にしつつ、1952（昭和27）年に完成させた。これが『日本目録規則1952年版』（NCR1952）である。著者基本記入制をとる和漢書のための規則であった。

3 図書館目録に関する世界標準

3.1 パリ原則（1961年）

　第二次世界大戦後は、IFLAを中心とする国際的な標準化の時代に移行した。
　1927年にIFLAが設立され、1935年には「目録規則の世界的統一に関する委員会」がIFLA内に設置された。この活動は第二次世界大戦のため中断を余儀なくされたが、1954年IFLAは、国際的な目録原則統一のためのワーキンググループを設置した。このワーキンググループによる検討の結果を受けて、1959年にロンドンでまず国際目録法原則会議（International Conference on Cataloguing Principles：ICCP）の予備会議が開催され、2年後の1961年10月、53か国と12の国際機関が参加して、パリで本会議が開催された。
　IFLAのワーキンググループの検討により、団体著者を認める英米系の規則と、それを認めないドイツ系の規則との相違が、目録原則統一への課題であることはすでに指摘されていた。それゆえパリでは「標目の選定とその形式の決定に関する基本原則」をテーマに話し合いが行われ、団体著者の取り扱いを中心に、目録の機能、基本記入と副出記入の役割、法律や条約の取り扱い、無著者名図書と統一書名などが話し合われた。その結果、ドイツ系規則に団体著者という概念がとり入れられ、「パリ原則」と呼ぶ声明が採択されたのである。会議名の略称を採ってICCPとも称される。いわば「標目に関する国際的な原則」と捉えられる。この原則の採択により、参加各国は自国の規則をパリ原則

表7.1 ISBDの一覧と変遷

名　称	対　象	刊行と改訂の状況	注
ISBD（M）	図　書	1971年予備版 1974年標準第1版⇒1978年改訂 1987年改訂版　2002年改訂版	1978年の改訂は、ISBD（G）策定にともなうもの
ISBD（S）	逐次刊行物	1974年刊行 1977年標準第1版1987年改訂版	ISBD（CR）に全面改訂
ISBD（CR）	継続資料	2002年刊行	ISBD（S）を改訂
ISBD（G）	総　合	1977年刊行 1992年改訂版　2004年改訂版	すべての資料種別に共通の規定
ISBD（CM）	地図資料	1977年刊行 1987年改訂版　2003年改訂草案	
ISBD（NBM）	非図書資料	1977年刊行 1987年改訂版	
ISBD（A）	古典籍	1980年刊行 1991年第2版　2006年改訂草案	古書 A：Antiquarian 1820年以前の図書
ISBD（PM）	楽　譜	1980年刊行 1991年第2改訂版	
ISBD（CP）	構成部分	1988年刊行	物理的に独立していない著作を記述するためのガイドライン
ISBD（CF）	コンピュータファイル	1990年刊行 1995年第2版	ISBD（ER）に全面改訂
ISBD（ER）	電子資料	1997年刊行 2003年改訂草案	ER：Electronic Resoarces ISBD（CR）を改訂
ISBD 統合版	すべての資料	2007年予備統合版 2011年統合版刊行	これまでのエリア1～エリア8に加えて、エリア0を新たに設けた

に沿って改訂することが求められた。以後、2009年に「国際目録原則覚書」（本章第3節3.4参照）が登場するまで、約半世紀にわたり、基本記入制を維持する目録規則のよりどころであった。

3.2　国際標準書誌記述（ISBD）（1974～2011年）

　パリ原則に基づく目録規則の改訂が各国で行われると、解釈の違いが次第に生じてきた。これを調整するために、1969年コペンハーゲンで目録専門家会議（International Meeting of Cataloguing Experts：IMCE）が開かれた。ここではパリ原則の解釈について検討するとともに、単行書の記述に関する国際的な基準設定のためのワーキンググループが設置された。その審議の結果、1971年12月に

単行書用の「国際標準書誌記述」(International standard bibliographic description：ISBD) の予備版が公表された。この予備版はまず、英国や西ドイツ、オーストラリア、フランス、カナダなどで全国書誌に採用された。

その結果をもとにして必要な修正を加えるため、1973年8月グルノーブルでIFLA によって ISBD（M：Monographic publications）改訂会議が開催された。合わせて逐次刊行物用の ISBD（S：Serials）も審議され、1974年に ISBD（M）（単行書）標準第1版と ISBD（S）が同時刊行された。また、1977年にすべての資料種別に共通の規定として ISBD（G）が制定された。

刊行後、各 ISBD は IFLA のレビューグループによって1990年代初頭までに一通り改訂が行われた。1997年には、コンピュータ化とネットワーク環境の進展により、ISBD（CF）が「電子資料（ER：Electronic resources)」に全面改訂された。しかし FRBR（本章第3節3.3参照）の登場により、各 ISBD は再び全面的な見直しを行うこととなった。その結果、2002年に ISBD（S）が「継続資料（CR）」に改訂・刊行され、ISBD（M）、ISBD（G）も順次改訂された。同じ頃、IFLA のレビューグループは全 ISBD の統合を目指すことを決定した。これは2007年の ISBD 予備統合版を経て2011年7月、ISBD 統合版（consolidated edition）の刊行に至る。ISBD 統合版では、あらゆる資料種別に対応するため、内容の表現形式やメディア種別を記録する「エリア0（ゼロ）」が新たに設定されている。

ISBD では、資料の同定識別に必要なすべての書誌的要素（ISBD では「エレメント」と呼ぶ）を細かく列挙し、各エレメントの内容と形式を定義する。それらの記録順序を定め、合わせて区切り記号法を規定している。またエレメントを「タイトルと責任表示エリア」「版エリア」「資料（または刊行方式）の特性エリア」「出版・頒布等エリア」「形態的記述エリア」「シリーズエリア」「注記エリア」「標準番号と入手条件エリア」の8エリアに分けて記述を構成している（ただし、ISBD 統合版では「エリア0（ゼロ）」が新設され、9エリアとなった）（表7.2参照）。これらは、国際的な書誌情報流通と MARC への対応を意図したもので、記述の基本的枠組みを提供する ISBD の根幹である。

表7.2 ISBDのエリアとエレメント

エリア	エレメント	G1992	M2002	CR2002	G2004	統合版	備考
0 内容形式と機器タイプエリア	①内容形式 ②内容説明 ③機器タイプ					M MA M	統合版(2011年)で新設された。
1 タイトルと責任表示エリア	①本タイトル ②一般資料表示（GMD） ③並列タイトル ④タイトル関連情報 ⑤責任表示	個々のISBDで定める	OP	OP	OP	MA * MA	②一般資料表示(GMD)は、統合版で新設のエリア0「内容形成と機器タイプエリア」に移動・改訂された。
2 版エリア	①版表示 ②並列版表示 ③特定の版に関係する責任表示 ④付加的版表示 ⑤付加的版表示に関係する責任表示		OP	OP	OP	MA MA MA MA	②並列版表示はNCR1987ⅢRの書誌的事項にはない。
3 資料(または刊行方式)の特性エリア	このエリアは地図資料、楽譜、逐次刊行物でのみ使用する。					地図 MA 楽譜 MA 逐次刊行物 MA	このエリアは地図資料、楽譜、逐次刊行物でのみ使用する。
4 出版・頒布等エリア	①出版地、頒布地等 ②出版者、頒布者等 ③頒布者の役割表示 ④出版年、頒布年等 ⑤製作地 ⑥製作者 ⑦製作年	印刷地 印刷者 印刷年				M M * M 印刷地・者・年または製作地・者・年	
5 形態的記述エリア	①特定資料表示(SMD)と資料の数量 ②その他の形態的細目 ③大きさ ④付属資料	挿図等 OP OP	OP	OP			
6 シリーズエリア	①シリーズ(または下位シリーズ)の本タイトル ②シリーズ(または下位シリーズ)の並列タイトル ③シリーズ(または下位シリーズ)のタイトル関連情報 ④シリーズ(または下位シリーズ)に関連する責任表示 ⑤シリーズ(または下位シリーズ)のISSN ⑥シリーズ(または下位シリーズ)番号			OP		MA MA MA	
7 注記エリア							
8 標準番号と入手条件エリア	①標準番号 ②キイ・タイトル ③入手条件、定価 ④付加的説明	なし OP なし	OP OP	OP		資料識別子 MA *	

※「G1992」「G2004」はそれぞれISBD (G) 1992年版、同2004年版を指す。「M2002」はISBD (M) 2002年版を、「CR2002」はISBD (CR) 2002年版を指す。「OP」は任意、「M」は必須、「MA」は入手可能なら必須、を示す。

3.3　書誌レコードの機能要件（FRBR）（1997年）

　1997年、IFLAは『書誌レコードの機能要件』（Functional requirements for bibliographic records：FRBR）を策定・公表した。FRBRは目録規則のような実務的な指針ではなく、目録作成に必要なデータ要素とその機能についての基本的な考え方を示したものである。利用者の検索要求に応え、利用者が求める情報を的確に入手できるようにするため、書誌レコードが提供すべき情報とは何か、果たすべき役割とは何かについて、共通理解を図るために規定された概念モデルととらえられる。

　FRBRでは、目録の対象世界を「実体（entity）」「属性（attribute）」「関連（relationship）」の三種に分けて定義した。「実体」に関しては、図書館資料に関わる利用者の関心対象を分析、把握し、第一〜第三のグループに分けて構造化している。「属性」は、実体を特徴づけるものであり、実体の識別に役立つ個々のデータ要素である。これら実体間の関係づけを「関連」という。さらに、利用者の情報アクセス行動に見られる四つのプロセス「発見（find）」「識別（identify）」「選択（select）」「入手（obtain）」をモデル化し、そのために必要なデータ要素を明示している。

　とりわけ重要なのは第一グループの「実体」の把握である。この「実体」は次の四つに分かれる。「著作（work）」「表現形（expression）」「体現形（manifestation）」「個別資料（item）」である。たとえば村上春樹の代表作『ノルウェイの森』は日本語で書かれた小説作品であるが、すでにさまざまな言語に翻訳され、海外で紹介されている。また2010年には映画化もされた。「著作」とは、このように日本語やほかの言語によるテキスト、および映画などの多様な表現形式が存在するにも関わらず、同一作品と見なされる抽象的な存在のことである。これに対して、『ノルウェイの森』日本語版、中国語版、英語版などの各テキストや映画「ノルウェイの森」を「表現形」と呼ぶ。しかし、たとえば英語版の翻訳は一種類とは限らず、映画化も将来的に見てただ一度とは限らないであろう（映画でなく、テレビ映像化される可能性もある）。したがって、英語による各種のテキストや、映像化された「ノルウェイの森」一つひとつが「表現

形」である。さらにそれらが紙やフィルムなどの媒体上に具体化されたものを「体現形」と呼ぶ。講談社刊『ノルウェイの森』には、1987年の単行本に加えて、1991年と2004年発行の文庫本、さらに全集『村上春樹全作品1979～1989』第6巻に収録のもの（1991年刊）、などがある。また映画はDVDやブルーレイディスクでも販売されている。これらすべてが「体現形」となる。図書館で所蔵するのは、これら「体現形」の複製物である単行本や文庫本の1冊1冊、あるいはマスターフィルムからコピーされた1枚のDVDやブルーレイディスクであり、これらを「個別資料」という。FRBRでは、著作の存在をこのように四つの実体に分けて把握し、関連づけることで、利用者の資料の発見・識別・選択・入手を支援しようというのである。

　第二グループで定義されている実体は、著作を創造・表現したり、それを図書として製作・出版する「個人（person）」「団体（corporate body）」である（現在は、事実上これに「家族（family）」を加えて3実体とされる）。さらに第三グループの実体は、著作の主題を表現する「物（object）」「概念（concept）」「出来事（event）」「場所（place）」の4実体がある。

　なおIFLAは、FRBRのほかに「典拠データの機能要件」（Functional requirements for authority data：FRAD）（2009年）、「主題典拠データの機能要件」（Functional requirements for subject authority data：FRSAD）（2010年最終報告）を相次いで策定している。これらは、FRBRで詳細には定義されなかった第二グループと第三グループの実体をモデル化し、書誌レコードのみならず典拠レコードに記録されるデータ要素（従来の個人・団体標目や主題標目に相当）についても、その内容や実体間の関連を明確にしたものである。

　このようにFRBRは、FRADとFRSADとともに書誌レコードと典拠データの概念モデルを示すことで、ISBDやパリ原則など既存の諸原則の見直しに大きな影響を与えている。AACR2はいち早くこれらを導入し、RDA（Resource Description and Access）という名称のもと2010年に刊行した（本章第4節4.1参照）。

3.4 国際目録原則覚書（ICP）（2009年）

1961年のパリ原則（本章第3節3.1参照）に代わって、IFLA が策定した国際的な目録原則である。「フランクフルト原則」とも呼ばれる。2003年から検討が始められ、2009年2月に「国際目録原則覚書」（Statement of international cataloguing principles：ICP と略される）として刊行された。カード時代の目録原則からオンライン目録への移行を踏まえ、あらゆる種類の資料種別に対して一貫した記述とアクセスポイントおよび典拠レコードの枠組みを提供するものである。FRBR、FRAD に対応している。

④ 20世紀後半の目録規則
――国際原則のフィードバック――

4.1 西洋

(1) 英米目録規則（AACR1）（1967年）

1949年に刊行された ALA の規則（本章第2節2.1(6)参照）に対する批判は、当時 LC の職員であった S. ルベツキー（Seymour Lubetzky）によって検討され、その改善方策は1953年に「目録規則と目録法原則」（Cataloging rules and principles）という報告にまとめられた。ALA は目録規則改訂委員会を発足させ、1956年にルベツキーを新規則の主任編者に任命した。ルベツキーは新規則のたたき台を執筆し、外部との検討ののち、1960年に未完成の草案を公表した。この草案は、翌年の ICCP で検討された「パリ原則」声明（本章第3節3.1参照）の下敷きともなり、図書館界に大きな影響を与えた。1962年、ルベツキーの辞任により新規則の編纂は別の人物に引き継がれたが、改訂作業そのものはルベツキーの草案に基づいて行われた。また英国では、1908年の規則（本章第2節2.1(4)参照）以降、本格的な改訂作業が行われてこなかったため、パリ原則の採択をきっかけに、再び英米合同規則の策定が志向された。これにカナダ図書館協会も加わって、1967年『英米目録規則』（Anglo-American cataloging rules：AACR）が誕生した。後の版と区別するため AACR1 と称される。ただし、いくつかの相違点が残ったため、「北米版」と「英国版」の二つに分かれた。

「第Ⅰ部　標目の選定と形式の決定」「第Ⅱ部　記述」「第Ⅲ部　非図書資料」から構成される基本記入制の規則で、「第Ⅱ部　記述」には図書、逐次刊行物、インキュナブラなどが、「第Ⅲ部　非図書資料」には写本、地図・地図帳、視聴覚資料、楽譜、録音資料などが含まれる。これら記述に関する規則は、1949年の記述目録規則などを LC が改訂し、収録している。またパリ原則に準拠しているが、団体の著作を、団体のもとではなく地名のもとに記入するという、パリ原則に従わない例外的な規則の採用が一部見られた（のちに削除された）。

(2)アルファベット順目録規則（RAK）(1977年)

　パリ原則採択により、プロイセン目録規則（本章第2節2.1(5)参照）に対しては団体著者の採用が勧告された。1962年、ドイツ図書館員連盟（西ドイツ）は国際標準に合致してコンピュータ処理にも対応できる新たな目録規則の策定を目指し、1965年には草案を発表した。同年、ドイツ図書館連合（東ドイツ）と共同で新目録規則の策定を開始したが、この作業には翌年オーストリア、ルクセンブルグ、スイスも加わった。ISBD 制定後はそれらも積極的に導入し、1974年までに新規則の予備版が複数回に分けて公表された。こうして1977年、『アルファベット順目録規則』（Regeln für die alphabetischen Katalogisierung : RAK）が刊行されたのである。RAK は、ドイツ語圏の新・標準目録規則として、団体記入を実現し、書名の機械的配列規則を導入した。また、ISBD に則した規則となり、東西両ドイツ（当時）の全国書誌にも採用された。

(3)英米目録規則第2版（AACR2）(1978年)

　ISBD（本章第3節3.2参照）の登場は、パリ原則と同様、各国の目録規則の改訂を促した。AACR ではまず「第6章　単行書」の改訂が行われ、ISBD（M）標準第1版に準拠した別冊が1974年に刊行された（北米版、英国版とも）。Anglo American cataloguing rules, 2nd edition : AACR2 である。しかし、AACR 1 に対する多数の修正と変更が公表されると、非図書資料の取り扱いに関する規則の不十分さが指摘され、その一方、北米版と英国版の相違点が解消される

など、1973年には AACR1 の全面改訂が必要なことは明白であった。

そして1974年、ALA などの呼びかけで米国、英国、カナダの代表によって合同委員会が組織され、AACR 第 2 版への改訂作業が開始された。改訂の目標または指針として、① AACR1 の「北米版」と「英国版」の一致、②パリ原則との整合性の保持、③書誌レコードの機械可読化に留意、④ ISBD（M）との一致とあらゆる資料媒体の記述の標準化、などが挙げられた。

AACR2 の構成は AACR1 と大きく異なり、「第Ⅰ部　記述」「第Ⅱ部　標目、統一タイトルおよび参照」の 2 部で構成されている。つまり、基本記入制を維持してはいるが、記述を標目から独立させ、目録作業を①記述の作成、②標目の選定、の順としたのである。「記述」の部では、図書を含めて資料媒体または刊行形態・刊行方式ごとに12章が立てられ、これに記述総則を加えた13章からなる。書誌記述の枠組みと規則は、ISBD（G）（総合）（1977年）に基づいている（ISBD（G）は AACR 改訂合同委員会の提案をきっかけに策定された）。

米国の図書館協会と議会図書館、英国の図書館協会と国立図書館、カナダ目録委員会の 5 団体を著者とする AACR2 は、この 3 か国にとどまらず、事実上の国際標準規則として位置づけられている。

⑷英米目録規則第 2 版改訂版（AACR2R）（1988年、1998年、2002年）

前項⑶の改訂版である。AACR2 刊行後、1988年、1998年、2002年にそれぞれ改訂版が刊行された。AACR2 revision を略して AACR2R と称される。主な改訂としては「第 9 章　機械可読データファイル」が「コンピュータファイル」（1988年版）に、さらに「電子資料」（2002年版）に改訂された。「第12章　逐次刊行物」も2002年版では「継続資料」となり、第 9 章とともにネットワーク情報資源を対象に加えている。これらは、1997年の ISBD（ER）（電子資料）、および2002年の ISBD（CR）（継続資料）の登場に拠るものである。

⑸ Resource description and access（RDA）（2010年）

AACR 改訂合同運営委員会（JSC）は当初、AACR 2 から AACR 3 への改

訂を予定していたが、2005年、デジタル環境への適応のためFRBRモデル（本章第3節3.3参照）を導入して従来の規則構造を大幅に変更すること、さらに名称も"Resource description and access"（RDA）に改めると発表した。その結果RDAはFRBRやFRADモデルをベースに策定され、2010年6月にWeb上にてツールキットとして刊行された（2011年早々に冊子体としても刊行）。

RDAは第Ⅰ部「実体の属性の記録（Recording attributes）」と第Ⅱ部「実体間の関連の記録（Recording relationships）」の2部構成で、10セクション37章からなる。第Ⅰ部は「セクション1（第1～4章）：体現形および個別資料の属性の記録」から「セクション4（第12～16章）：概念・物・出来事・場所の属性の記録」まで、第Ⅱ部は「セクション5（第17章）：著作・表現形・体現形・個別資料の間の主要な関連の記録」から「セクション10（第33～37章）：概念・物・出来事・場所の間の関連の記録」までで、FRBRとFRADを基盤に据えた、従来とは一線を画す目録規則であるといえよう。

2011年6月、LC以下、米国の三つの国立図書館（LC, 米国国立農学図書館、米国国立医学図書館）は、RDA採用のための評価テストの結果を公表するとともに、規則やツールキットの改善と書き直しをRDA開発合同運営委員会（JSC）に求めた。そして、その成果により、2013年1月以降にRDAを導入するとした。2013年4月の時点で、米国国立医学図書館とOCLCがRDAの適用を開始し、国立国会図書館（NDL）も洋図書への適用を始めている。また、ドイツ国立図書館など英語圏以外の図書館も、RDAの採用を予定している。

4.2 『日本目録規則』の20世紀後半以降：国際原則の反映

(1)『日本目録規則』1965年版（NCR1965）

1955年、JLAは新たに目録委員会を設置し、NCR1952の問題点の検討と、完成に至らなかった逐次刊行物と特殊資料の規則、カード配列規則の策定を開始した。1961年1月までに、特殊資料を除く規則案の策定と1952年版における問題点の分析が行われ、それぞれの内容が『図書館雑誌』に発表された。そうして1961年10月、目録原則国際会議（ICCP）におけるパリ原則（本章第3節3.1

参照）の採択により、JLA 目録委員会は NCR1952 の標目関係の規則を全面的に改訂するという方針を決定した。目録委員会による規則の立案と全国会議における議論を経て、成案は1964年にようやく完成した。そして翌年、『日本目録規則』1965年版（NCR1965）として刊行される。パリ原則を取り入れて著者基本記入制を採用し、和漢書・洋書に共用の規則となった。図書以外に逐次刊行物、地図、楽譜の記述に関する規則が別途整備され、配列規則も盛り込まれた。

(2)『日本目録規則』新版予備版（1977年）

　1970年、JLA は新・目録委員会を設置した。パリ原則にのっとった1965年版の刊行後、館界でかねてから主張されていた、基本記入方式によらない「記述独立方式」への対応、とりわけ1969年発行の『整理技術テキスト』に記載された「標目未記載方式」の問題を収拾し、和漢書における標目の機能について検討することが、目録委員会の当面の課題となった。そうして２度の整理技術全国会議における検討を経て、1971年６月、「標目未記載ユニット・カード方式」を前提とする新たな規則の策定を決定した。NCR1977と略称される。

　他方、IFLA ワーキンググループによる国際標準書誌記述（ISBD）（本章第３節3.2参照）制定の動きも加わった。1972年９月、目録委員会は、NCR 改訂版の記述の部策定のための予備作業として、ISBD 和書適用版を作成し公表した。1975年３月、NCR 改訂版草案のうち「記述の部」を発表し、意見を求めるとともに、「標目の部」についても規則案の策定を図ったが、同年９月、短時間で改訂版を完成させることは困難との理由から、本版の作成を見送り、予備版を作成することになった。その結果誕生したのが表記の版『NCR 新版予備版』(1977年) である。明治以降刊行の和書を対象とし、「記述ユニット・カード方式」による非基本記入の規則で、図書と逐次刊行物以外の非図書資料は含まれていない。ISBD に準拠するが、ISBD 区切り記号は採用しなかった。なお、未策定の非図書資料に関する規則を完成させ、本版化を期すこととされた。

(3)『日本目録規則』1987年版(NCR1987)

　1983年8月、新たな目録委員会のもとで『日本目録規則』新版予備版(1977年)(前項(2)参照)の本版化が開始された。本版化にあたっては、すべての図書館資料を対象とし、従来のように図書を中心に規則を構成することを廃した。また、オンライン目録やMARCをも視野に入れた規則であること、ISBDを尊重し、記述の部の章立ては、記述総則のあとに特定資料に対する規則を配置することとした(図7.1参照)。特徴は、ISBD区切り記号の採用、書誌階層規定の導入、「記述ユニット方式」の継続(非基本記入制)などである。

(4)『日本目録規則』1987年版改訂版(1994)(NCR1987R)・改訂2版(2001)・改訂3版(2006)

　NCR1987の規則(前項(3)参照)で未完成であった三つの章(静止画像[現・静止画資料]、三次元工芸物・実物[現・博物資料]、非刊行物[現・書写資料])を完成させ、規則全般の整合性を図った『日本目録規則』1987年版改訂版(NCR1987R)が1994年4月に刊行された。その後、ネットワーク化の進展とメタデータによる電子資料の組織化が喫緊の課題となり、「第9章　コンピュータファイル」を「電子資料」に改訂して『日本目録規則』1987年版改訂2版(NCR1987ⅡR)が2001年8月に刊行された。さらに2006年6月刊行の『日本目録規則』1987年版改訂3版(NCR1987ⅢR)では、和古書・漢籍に関する規則の整備(第2章、第3章)を行うとともに「第13章　逐次刊行物」を「継続資料」に改訂した。「継続資料」とは、従来の「逐次刊行物」に、ルーズリーフ資料やネットワーク情報資源などを想定した「更新資料」を含めた新たな概念である。「第9章　電子資料」「第13章　継続資料」のいずれも、ISBD(ER：電子資料)、ISBD(CR：継続資料)(本章第3節3.2参照)の登場が背景にある。なおNCR1987は改訂3版をもって改訂作業を終了し、現在はその新たな版の策定作業が行われている。

　以上のように、わが国の目録規則は西洋の目録法を積極的に取り入れて標準化・国際化を進めてきたが、その一方で、JLAを中心に、和書を対象とする

第7章　目録・書誌の基準とその歴史

```
第0章　総則
第Ⅰ部　記述                      第Ⅱ部　標目
    第1章　記述総則                   第21章　標目総則
    第2章　図書                       第22章　タイトル標目
    第3章　書写資料                   第23章　著者標目
    第4章　地図資料                   第24章　件名標目
    第5章　楽譜                       第25章　分類標目
    第6章　録音資料                   第26章　統一タイトル
    第7章　映像資料
    第8章　静止画資料              第Ⅲ部　配列
    第9章　電子資料                   第31章　配列総則
    第10章　博物資料                  第32章　タイトル目録
    第11章　点字資料                  第33章　著者目録
    第12章　マイクロ資料              第34章　件名目録
    第13章　継続資料                  第35章　分類目録
```
図7.1　『日本目録規則』1987年版改訂3版の構成

わが国の目録法の慣行に沿った規則を追求し、発展させてきたといえよう。

この後のNCRについては、JLAとNDLが共同での規則を2017年を目途に編成することとなった(『カレントアウェアネス・ポータル』2013年9月30日：http://current.ndl.go.jp/node/24475, ［参照2013-11-28］)。

5　『日本目録規則』1987年版改訂3版の規則概要

ここでは、『日本目録規則』1987年版(NCR1987)の最新版である改訂3版(NCR1987ⅢR)にもとづいて、規則の内容を解説する。

5.1　規則の構造と章立て

「第Ⅰ部　記述」「第Ⅱ部　標目」「第Ⅲ部　配列」の三部構成をとる。これは、記述の作成→標目の選定→記入の配列、という目録作業の一般的な手順を反映している。「記述」の部の前に「第0章　総則」を置き、NCR全体に関わる基本用語などを説明している。各部の章立てを、図7.1に示す。

「記述」の部は、まず「第1章　記述総則」ですべての資料媒体に共通する基本的な記述規則を示し、第2章から第13章で資料媒体ごとにそれぞれに特有

の規則を示す。記述総則に示された共通の規則は、第2章から第13章において繰り返されないことがあり、各資料媒体の記述にあたっては、第1章と当該の章とを合わせて参照することが必要である。

「第2章　図書」では、主に日本語で書かれた図書を対象とするが、洋書にも適用できる（NCR新版予備版では明治以降の和書を対象としていたため、洋書には適用できなかった）。また、改訂3版では和古書・漢籍（写本・手稿等を除く）に関わる規定が整備され（第2章、第3章）、第2章の当該条項には「(古)」が付された。写本・手稿等は「第3章　書写資料」を参照し、点字資料は第11章、マイクロ資料は第12章、逐次刊行物は第13章を参照する。

「第13章　継続資料」は、旧版の「第13章　逐次刊行物」に更新資料を加えて大幅改訂された章である。「継続資料」とは「完結を予定せずに継続して刊行される資料」で、逐次刊行物と更新資料を含む新しい概念である。逐次刊行物は「同一のタイトルのもとに、一般に巻次・年月次を追って、個々の部分（巻号）が継続して刊行される資料」で、雑誌、新聞、モノグラフ・シリーズなどが該当する。更新資料とは「更新により内容に追加、変更はあっても、一つの刊行物としてのまとまりが維持されている資料」で、加除式（ルーズリーフ式）資料や、随時更新されるWebサイトなどが該当する（完結を予定する更新資料も対象に含む）。なお第13章は、資料媒体の種類ではなく、刊行方式の違い（単行資料か継続資料か）による規定である。したがって、記述対象となる資料媒体の種類によって、第2章から第12章までのいずれかの章とともに適用することになる。たとえば電子ジャーナルの場合は、第9章と第13章を合わせて適用し、記述する。この点、注意が必要である。

5.2　記述の対象

目録において「記述の対象」とは、二通りの意味に解釈される。

一つは「版」である。たとえば村上春樹著『羊をめぐる冒険』の単行本は人気作家の代表作の一つで、多くの部数が印刷・発行され、全国の図書館でも相当数が所蔵されている。各図書館で作成される目録は、同一の原版を用いて印

第7章　目録・書誌の基準とその歴史

図7.2　『羊をめぐる冒険』（講談社，1982，376p.）

刷された、おそらく数十万部にも上る冊子のうち各館が所蔵する1冊をもとに作成される。それらの記述は、どこの図書館においても、同じ著作物に関しては印刷されたすべての冊子に共通する特徴（書誌情報）を記録したものとして利用できる（図7.2参照）。

　このように記述とは、カタロガーの目の前にある資料だけではなく、その資料を含む同一原版から生まれた図書（著作物）全体を対象としている。つまり、各図書館が所蔵する1冊1冊の背後に存在する「版」、すなわち「刷」の全体を記述の対象と捉えているのである。

　二つ目は、「記述対象のレベル」に関する問題である。ここでは『村上春樹全作品1979～1989』（講談社，全8巻）に収録されている著作を例に説明しよう。

　同じ『羊をめぐる冒険』でも、先の単行書であれば、カタロガーは目の前の資料だけを見て記述すればよいが、『村上春樹全作品1979～1989』第2巻の『羊をめぐる冒険』の場合は、単純にそれだけが対象になるとは限らない。図書館がこのセットものの全巻を所蔵しており、そこに含まれる著作の情報を利用者に提供すべき場合などは、セットものの全体を対象に記述することも必要である。

　また『村上春樹全作品1979～1989』の第1巻（図7.3参照）を見ると、そこには「風の歌を聴け」と「1973年のピンボール」の二つの著作が収録されている（それぞれはもともと単行本として刊行されていた）。この場合、第1巻の記述を作成する以外に、個々の著作を対象とする記述の作成も可能である。

図7.3 『村上春樹全作品1979〜1989』（1巻）（講談社，1990，254p）
　　　『村上春樹全作品1979〜1989』（2巻）（講談社，1990，376p）

　さらにまた、同じ村上春樹著『ノルウェイの森』（上）（下）の単行本（講談社，1987，2冊）と文庫本（講談社文庫，1991，2冊）は、2冊で一つの著作を構成している。この場合、著作全体を対象として記述を作成するのか、上巻または下巻だけを対象に記述を作成すべきか、という問題もある（図7.4参照）。

　このように記述の作成にあたっては、資料の1点1点を対象とする場合と、セットものやシリーズ全体のまとまりを把握し、それを対象として記録する場合や、資料に含まれる個々の著作を対象とする場合など、「対象となる資料（のレベル）をどのように把握するか」によって異なる記録を作成しうる。これが「記述対象のレベル」であり、把握された対象に属する書誌的事項を記録することで、記述対象が表現される。

5.3　書誌階層

　NCR1987年版諸版を最も特徴づけるものとして、「書誌階層」に関わる規定がある。「書誌階層」とは、たとえばセットものやシリーズに属する図書を記述対象とするとき、セットものまたはシリーズのタイトルと単行書のタイトルのように、「全体とそれを構成する部分」という上位／下位の階層関係が成立する場合の書誌的な階層構造をいう（図7.5参照）。

　この場合、記述において複数の階層に属する書誌的事項を記録するが、書誌的事項が属する個々の階層を「書誌レベル」と呼び、各書誌レベルに属する一

第 7 章　目録・書誌の基準とその歴史

図7.4　『ノルウェイの森』（上）（下）（講談社文庫，1991，2 冊）

連の書誌的事項（タイトルから標準番号まで）の集まりを「書誌単位」と呼ぶ。NCR1987諸版では基礎書誌レベル、集合書誌レベル、構成書誌レベル（以下、「基礎レベル」「集合レベル」「構成レベル」）の三つの書誌レベルと、それに対応する基礎書誌単位、集合書誌単位、構成書誌単位（以下、「基礎単位」「集合単位」「構成単位」）の三つの書誌単位がある。また基礎レベルは単行書誌レベルと継続刊行書誌レベル（「単行レベル」と「継続刊行レベル」）に、基礎単位は単行書誌単位と継続刊行書誌単位（「単行単位」と「継続刊行単位」）に分けられる（図7.6参照）。

このほか、書誌単位を分割した「物理単位」があるが、物理単位は書誌レベルとは見なされない。

5.4　記述の対象と書誌レベル

前項の書誌階層規定は、記述を作成するとき何を対象にするか、それをどう記録し表現するか、という問題と密接に関わっている。NCR1987諸版では、記述対象に応じてどの書誌レベルの記録を作成するかは次のように決められている。

・単行資料を記述対象とする場合　→　単行レベルの記録
・継続資料を記述対象とする場合　→　継続刊行レベルの記録

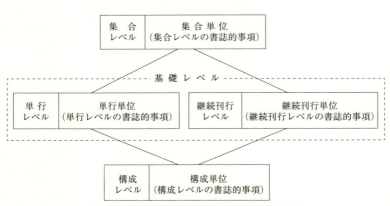

図7.5 書誌階層構造(書誌レベルと書誌単位)

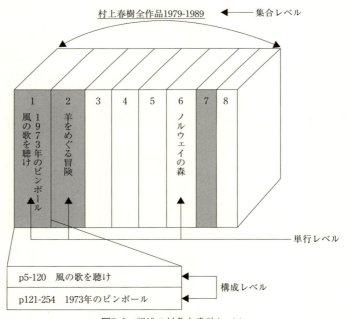

図7.6 記述の対象と書誌レベル

第 7 章　目録・書誌の基準とその歴史

・単行資料の集合（セットものやシリーズなど）　→　集合レベルの記録
・構成部分（形態的に独立していない著作など）　→　構成レベルの記録
※別法　単行資料やセットもの、シリーズを形態的に独立した1点1点に
　　　　分割したものを記述対象とする場合　→　物理単位の記録

この問題を、本節5.2で示した具体例をもとに説明しよう。

たとえば記述対象資料が1冊の図書で、何のシリーズにも属しておらず、内容上も一つの著作だけで構成されている場合は、このことを考える必要がない。1冊の単行書としての記録を作成すればよいからである。しかし、次の①～④の場合などは、記述の対象が一つとは限らない。

①その図書が何かのシリーズまたはセットものに属している場合
　例：羊をめぐる冒険　／　村上春樹著． −　講談社, 1990． − （村上春樹全作品1979～1989；第2巻）
②その図書が複数の著作から構成されている場合
　例：風の歌を聴け；1973年のピンボール　／　村上春樹著． −　講談社, 1990． − （村上春樹全作品；第1巻）
　　　※「風の歌を聴け」「1973年のピンボール」の2著作を収録
③一つの著作が2冊以上の分冊で構成されている場合
　例：ノルウェイの森　上・下　／　村上春樹著． −　講談社, 1991． − （講談社文庫）
④雑誌などのように同一タイトルのもとに継続刊行される出版物の場合
　例：群像． − 1巻1号（昭和21年10月） − ． − 講談社, 1946− ． − 月刊

すなわち①は、(a)単行書としての記録（『羊をめぐる冒険』）を作成する場合（図7.7参照）と、(b)シリーズやセットもの（『村上春樹全作品1979～1989』）全体を対象とした記録を作成する場合（図7.9参照）、さらに(c)シリーズやセットもの

を分割して1巻ずつの記録（『村上春樹全作品1979～1989』の第2巻として）を作成する場合とがある。

　②は、(d)単行書としての記録（『風の歌を聴け・1973年のピンボール』）を作成する場合と、(e)そこに含まれる個々の著作（「風の歌を聴け」「1973年のピンボール」）を対象とした記録を作成する場合（図7.10参照）とがある（①の(c)と同様、『村上春樹全作品1979～1989』の第1巻としての記録を作成する場合もある）。

　③は、(f)分冊全部（『ノルウェイの森』上・下巻）を合わせて一つの記録を作成する場合（図7.8参照）と、(g)個々の分冊（『ノルウェイの森』の上巻のみ、下巻のみ）を対象とした記録を作成する場合とがある。

　④は、(h)一つの雑誌のすべての号をひとまとまりにした記録（『群像』の初号から最終号まで）を作成する場合（図7.11参照）と、(i)雑誌の一つの号（『群像』2010年5月号など）だけを対象とした記録を作成する場合、(j)各号に含まれる一つ一つの記事を対象とした記録を作成する場合がある。

　それぞれを書誌レベルに当てはめると、(a)、(d)、(f)は単行レベル、(b)は集合レベル、(e)、(j)は構成レベル、(h)は継続刊行レベル、(c)、(g)は物理単位となる。(i)は記述対象として扱わず、所蔵事項として記録する。

　このように、資料の属性によっては複数の記述対象レベルが存在する場合、いずれのレベルを対象に記録を作成すればよいのかを、目録規則は指針として明確に示さねばならない。NCR1987諸版では単行レベルの記録（単行単位を記述の本体とする記録）または継続刊行レベルの記録（継続刊行単位を記述の本体とする記録）を作成することが原則であるが、集合レベル・構成レベル・物理単位の記録も、必要に応じて作成できることになっている。

　しかし、(a)～(j)の例でわかるように、どんな記述対象がどの書誌レベルに該当するのかの判断は、かなり複雑である。特に「単行資料」とみなされるものは複数あるため、その定義を理解しておくことが重要となる。

・単行資料＝㋐固有のタイトルを持ち、㋑単独に刊行された（形態的に独立した）資料

第 7 章　目録・書誌の基準とその歴史

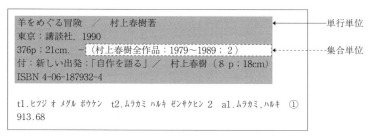

図7.7　単行レベルの記録

図7.8　単行レベルの記録（別例）

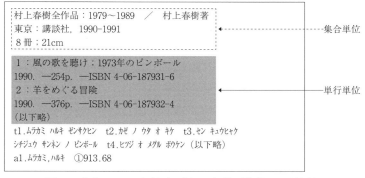

図7.9　集合レベルの記録（3巻以下省略）（多段階記述様式）

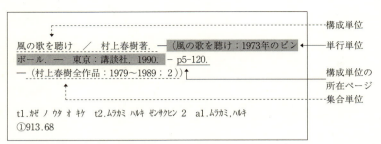

図7.10　構成レベルの記録（分出記録様式）

```
群像． ―　1巻1号（昭和21年10月）-
東京：講談社，1946-
冊；22cm
刊行頻度：月刊
ISSN 1342-5552

t1.グンゾウ
```

図7.11　継続刊行レベルの記録

- 単行資料の集合＝㋐㋑の条件を満たす資料の集まりで、そのグループ全体に固有のタイトルがある資料群
- 構成部分＝㋐の条件は満たすが、形態的に独立していない資料
- 継続資料＝完結を予定せず、継続刊行される資料

最後に、記述の記載様式について触れておく。記述の記載様式は、それぞれの記録に対応して、次のように定められている。

- 単行レベルの記録　　　　　　　｜
- 継続刊行レベルの記録　　　　　｝　→　本法の記載様式
- 集合レベルの記録　　→　多段階記述様式、簡略多段階記述様式
- 構成レベルの記録　　→　分出記録様式
- ※物理単位の記録　　→　分割記入様式

第7章　目録・書誌の基準とその歴史

上記のうち単行レベル、集合レベル、構成レベル、継続刊行レベルの記載様式は図7.7～図7.11を参照して欲しい。

5.5　記述の情報源

記述の拠りどころとなる情報源は、資料種別ごとに決められている。またISBDと同様、主たる情報源とその他の情報源の優先順位や、エリアごとの情報源も規定されている。図書の場合、標題紙（標題紙裏を含む）、奥付、背、表紙の四つが主たる情報源である（洋書中心のISBDでは、標題紙のみが主たる情報源となっている）。CDなどの録音資料の場合は資料本体のレーベルが、ビデオなどの映像資料ではタイトルフレーム（タイトル、スタッフや出演者などの表示画面）が、主たる情報源となる。CDやビデオ本体にケース（容器）と解説書などが付属している場合、ケースや解説書も情報源となるが、資料本体よりも優先順位が低く、①本体、②解説書、③ケースの順となる。

継続資料の場合、情報源に先立って「記述の基盤」がまず規定されている。継続資料は逐次刊行物と更新資料から成る（それぞれの定義は本章第5節5.1を参照）が、逐次刊行物は初号、更新資料は最新号が記述の基盤となる。主たる情報源は、紙媒体の雑誌の場合、表紙、標題紙、背、奥付の四つ、印刷形態の更新資料（加除式資料など）の場合は標題紙（標題紙裏を含む）、奥付、背、表紙である。新聞のように表紙と標題紙がないものは、題字欄が主たる情報源である。

エリアごとの情報源は、図書の場合、次のとおりである。

・「タイトルと責任表示」「版」「出版・頒布等」の各エリア………標題紙（標題紙裏を含む）、奥付、背、表紙
・「形態」「シリーズ」の各エリア………………その図書から
・「注記」「ISBN、入手条件」の各エリア………どこからでもよい（記述対象資料以外からでもよい）

5.6　転記の原則

　記述のうち「タイトルと責任表示」「版」「出版・頒布等」「シリーズ」に関する事項では、情報源に表示されていることがらを、表示のままに記録しなければならない。これを「転記の原則」という。

　ただし、文字の大小や特殊な字体までは再現しない。ローマ字などの大文字使用法や句読法は、当該言語の慣行に従う。また、「タイトルと責任表示」以外の書誌的事項では、数字は原則としてアラビア数字を用いる。さらに、情報源上の誤記・誤植は正しいかたちに訂正し、脱字は補記する。しかし、訂正したことがわかるようなかたちで記録し、元の形は注記する。

5.7　記述文法と区切り記号法

　ISBDでは、各エレメントを記述するためにさまざまな記号とその使用法が定められているが、これを「ISBD区切り記号法」という。たとえば「.△－△」（ピリオド・スペース・ダッシュ・スペース、△（スペース）は字あけを示す）はエリアとエリアを区切る記号として使用される。同様に、「△／△」（スペース・スラッシュ・スペース）は責任表示の前に置かれ、「△：△」（スペース・コロン・スペース）はタイトル関連情報や出版者の前に、「△；△」（スペース・セミコロン・スペース）は大きさやシリーズ番号、2番目以降の責任表示の前などに置かれる記号である。ISBD区切り記号は、このように本タイトルを除くすべてのエレメントの前に置かれてエレメントを区切ると同時に、その種類を機械的に識別するために用いられる。これにより、記述の言語が理解できなくとも、区切り記号でタイトルや責任表示や出版事項を識別できる。ISBD区切り記号は、MARCフォーマットにおいてはフィールド識別子（タグ）またはサブフィールド識別子の役割を果たす。

　ISBDが登場する以前にも、一般的な記号や字あけが記述要素を区切るために用いられていたが、ISBD区切り記号法の意義は、カード目録やOPACの画面上に書誌レコードを表示する際の書式を明確化した、記述文法の一種と捉えられる点にある。書誌記述において何をどのように記録（入力）するかは、

エレメントの種類と内容を定義すれば足りるが、入力した書誌レコードを表示（出力）するには、各エレメントを一定の順序で、どのエレメントかわかる共通の書式で記述する。書誌情報の共有と標準化には、このような記述文法が不可欠といえる。ISBD 区切り記号法の導入で、目録規則でも入力（記述の意味的側面）に関する規則と出力（記述の構文的側面）に関する規則をあわせ持つことが一般的となった。だが2010年に AACR2 の後継として誕生した RDA（本章第4節4.1(5)参照）では、記述文法としての ISBD 区切り記号は採用されなかった。ネットワーク環境のもと、図書館以外の世界との広範囲の書誌情報流通を念頭に策定された RDA では入力部分のみを規定すればよく、出力に関わる規定は不要と考えられたためである。

5.8　記録すべき書誌的事項と記録順序

　NCR1987諸版では、ISBD のエリアを「〜に関する事項」、エレメントを「書誌的事項」と呼ぶ。記述すべき書誌的事項とその記録順序は次のとおりである。
　　ア）タイトルと責任表示に関する事項
　　　(1)本タイトル
　　　(2)資料種別（任意規定）
　　　(3)並列タイトル
　　　(4)タイトル関連情報
　　　(5)責任表示
　　イ）版に関する事項
　　　(1)版表示
　　　(2)特定の版にのみ関係する責任表示
　　　(3)付加的版表示
　　　(4)付加的にのみ関係する責任表示
　　ウ）資料（または刊行方式）の特性に関する事項
　　エ）出版・頒布等に関する事項

(1)出版地、頒布地等

　(2)出版者、頒布者等

　(3)出版年、頒布年等

　(4)製作項目（製作地、制作者、製作年）

オ）形態に関する事項

　(1)特定資料種別と資料の数量

　(2)その他の形態的細目

　(3)大きさ

　(4)付属資料

カ）シリーズに関する事項

　(1)本シリーズ名

　(2)並列シリーズ名

　(3)シリーズ名関連情報

　(4)シリーズに関係する責任表示

　(5)シリーズのISSN

　(6)シリーズ番号

　(7)下位シリーズの書誌的事項

キ）注記に関する事項

ク）標準番号、入手条件に関する事項

　(1)標準番号

　(2)キイ・タイトル（任意規定）

　(3)入手条件・定価（任意規定）

上記の書誌的事項を、所定のISBD区切り記号を用いて記述する。

5.9　記述の精粗

　NCR1987諸版では、図書館の規模や方針に応じて書誌的事項の取捨選択を可能にするため、記述の精粗の3水準を設けている。第1水準（必須）は目録の機能を発揮するうえで必須の書誌的事項、第2水準（標準）は一般的な図書

館で必要とされる標準的な書誌的事項、第3水準は国際間での書誌情報流通に対応可能なレベルで、全書誌的事項を記録する。なお図7.7～図7.11は第二水準で記述。

第1水準　必須の書誌的事項
　　本タイトル␣／␣最初の責任表示．␣—␣版表示．␣—␣資料（または刊行方式）の特性に関する事項．␣—␣出版者または頒布者等，␣出版年または頒布年等．␣—␣特定資料種別と資料の数量．␣—␣（本シリーズ名）

第2水準　標準の書誌的事項
　　本タイトル␣［資料種別］␣：␣タイトル関連情報␣／␣責任表示．␣—␣版表示␣／␣特定の版にのみ関係する責任表示．␣—␣資料（または刊行方式）の特性に関する事項．␣—␣出版地または頒布地等␣：␣出版者または頒布者等，␣出版年または頒布年等．␣—␣特定資料種別と資料の数量␣：␣その他の形態的細目␣；␣大きさ␣+␣付属資料．␣—␣（本シリーズ名␣／␣シリーズに関係する責任表示、␣シリーズのISSN␣；␣シリーズ番号．␣下位シリーズの書誌的事項）．␣—␣注記．␣—␣標準番号

第3水準　本規則において規定するすべての書誌的事項（7.5.8参照）

5.10　各記述要素の記述目的

(1)「タイトルと責任表示」に関する事項

　記述の冒頭に置かれる「タイトルと責任表示」に関する事項は、記述中最も重要な事項である。「本タイトル」はその資料に固有の名称のことであり、その資料を他の資料から識別する第一の要素である。図書の場合は「本書名」と呼ぶ。

　「タイトル関連情報」は、図書の場合、副書名が該当するが、副書名よりも範囲が広く、本タイトルに関連してこれを限定・説明する語句などをいう。

　「責任表示」とは、資料の内容の具現に責任をもつ個人や団体のことで、図

書の著者や編者、訳者、監修者などである。個人や団体の名称だけでなく、著作への関与の仕方（著、編、訳、監修、画など）を示す語を付して記録する。責任表示、タイトルは資料、著作を識別するうえで重要な要素である。

「資料種別」（ISBDの「一般資料表示（GMD）」のこと）は、資料の多様な媒体の種類を識別するための書誌的事項で、地図資料・静止画資料・書写資料・マイクロ資料・映像資料・楽譜・録音資料・電子資料・印刷資料などの大まかな資料区分を記録する（ただし図書や雑誌などの印刷資料には使用しない）。それぞれを細分化し、実体に即して媒体の属性を記録するのが「特定資料種別」（ISBDの「特定資料表示（SMD）」）であり、「形態」エリアで記録する。

(2)「版」に関する事項

初版、第5版、改訂増補版など、その資料がどのような版であるかを記録することで、タイトルと責任表示だけでは特定できない資料の同定識別を果たす。

「版」とは、同一の印刷原版から印刷されたすべてのコピーを意味する。たとえば、日本図書館協会発行の『図書館ハンドブック』第6版の<u>2005年5月印刷（第1刷）</u>と、20xx年x月印刷の第x刷は、内容には違いがない。この場合、第1刷や第x刷などの刷次の違いは記録しない。しかし、『図書館ハンドブック』<u>第6版補訂版</u>（日本図書館協会，2010，17,673p）の場合は、同じ『第6版』でも内容が変更（補訂）されており、印刷原版は当然異なる。版を記録するということは、資料を選択する重要な手がかりとなる（下線筆者）。

(3)「資料（または刊行方式）の特性」に関する事項

特定の種類の資料に固有の属性を記録する。地図資料、楽譜、電子資料、博物資料、継続資料（逐次刊行物など）で使用する。地図資料における縮尺（1：50000など）や投影法、楽譜の種類（総譜、パート譜など）、電子資料の電子的内容（データ〔画像データ、数値データ〕、プログラム〔アプリケーションプログラム、システム・プログラム〕など）や数量の記録、逐次刊行物の順序表示（巻次・年月次のこと）などである。図書では、このエリアを使用しない。

第 7 章　目録・書誌の基準とその歴史

(4)「出版・頒布等」に関する事項

その資料の出版物としての刊行に責任をもつ個人や団体（出版者）を記録するとともに、出版者の所在地、刊行の日付などを具体的に記録する。

資料の内容に一義的な責任をもつのは著者であるが、「出版者」は出版物としての質の確保や、内容の信頼性を判断するのに役立つ。同一著作が複数の出版者から刊行されることもあり、内容の違いや版の違いを識別するのに有効である。また出版者・頒布者のいずれも、資料の入手先を知ることができる。

「出版年」は、情報の新規性をはかる目安になるほか、資料が刊行された当時の状況を推察する手がかりともなる。

「出版地」は、内容の地域性を判断する材料になる。出版地・頒布地は、ともに出版者や頒布者を特定する手がかりとなり、資料の入手を助ける。

(5)「形態」に関する事項

その資料媒体の物理的な属性や特徴を記録する。資料自体を見なくても、どのような媒体かが把握でき、資料の利用または管理上の情報を提供する。

「特定資料種別」（ISBDの「特定資料表示（SMD）」）は、「タイトルと責任表示」に関する事項のエレメントである「資料種別」（ISBDの「一般資料表示（GMD）」）と対応する。たとえば資料種別が「録音資料」の場合、特定資料種別は「録音カセット」「録音ディスク」などとなる。印刷資料の場合は使用しない。

「資料の数量」は、図書の場合、ページ数や巻数、図版数を、実体に則して記録する。情報量の多さをはかる目安になるほか、版を識別する手がかりにもなる。録音資料の場合、録音カセットや録音ディスクの巻数・枚数を記録するほか、再生時間などもここに記録する。

「その他の形態的細目」は、数量、大きさ以外の媒体の特徴を記録する。図書の場合は、本文中に含まれる挿図などの有無やその数を記録し、録音資料の場合は音の記録方式や再生速度、トラック数やチャンネル数などを記録する。音を再生する場合に必要な情報である。

「付属資料」は本体に付属の別冊、CD などで、本体とは物理的に分かれる

が本体と合わせて利用するものを指す。管理上からも必要な記録である。

(6)「シリーズ」に関する事項

　本節5.2で例にあげた『ノルウェイの森』は、『村上春樹全作品1979〜1989』というセットものであり、「講談社文庫」というシリーズに属す。このように記述対象がシリーズやセットもの内の1冊である場合、それに関わる書誌的事項を記録することで、異なるレベルからの検索や資料の同定識別が可能になる。シリーズやセットものは、単行書のレベルに対し上位の書誌レベルである。

　「本シリーズ名」（ISBDでは「シリーズの本タイトル」）は、シリーズ全体に共通の総合タイトルのことであり、「シリーズ番号」（第2巻、No.5など）とともに、同じシリーズの他の図書と相互に関連付けるものである。「シリーズ番号」は、そのシリーズにおける資料の番号付けである。

　「下位シリーズ」は、記述対象がXとYという二つのシリーズに属しており、XがYの一部である場合のXをいう。諸版では、「本シリーズ名」の下位書誌レベルのシリーズ名を、「下位シリーズ名」として記録する。

(7)「注記」に関する事項

　「注記」は、それまでの事項で定型的に記録されてきた内容を詳述したり限定したりするもので、記述対象に関するあらゆることがらを、必要に応じて記録することができる。また、書誌や年表、解説が含まれているなどの資料の特徴や、ほかの版との関係、改題などの書誌的来歴を示すことで、資料の識別や理解を促すはたらきがある。注記の種類は、ISBDのエリアや記述要素ごとに類別されるが、「注記」エリアの書誌的事項として独立しているわけではない。また、特定の事項・書誌的事項に属さない注記もある。

(8)「標準番号・入手条件」に関する事項

　「標準番号」とは、図書のISBN（国際標準図書番号）、逐次刊行物のISSN（国際標準逐次刊行番号）など、国際的に承認された方式にもとづく識別番号を記録

するもので、資料の検索や識別にきわめて有効である。

「入手条件」は、その資料の価格や「非売品」などの語句により、入手の状況や可能性を示すものである。

5.11 その他の資料の記述

諸版はさまざまな資料媒体を対象としている。ここでは、本章で先にあまり言及してこなかった電子資料の記述について取り上げる。

「第9章　電子資料」は、NCR1987ⅡRで大幅に改訂された。パッケージ型のみを対象とする従来の「コンピュータファイル」から、ネットワーク情報資源をも対象とする「電子資料」に名称変更するのみならず、「電子資料」とはコンピュータにより利用可能となるデータやプログラムのことで、利用の際キャリアを直接操作する「ローカルアクセス」と、キャリアに触れずに利用する「リモートアクセス」の2通りがある、と規定された。キャリアとは、データやプログラムが記録されている物理的媒体のことである。

特徴は「資料（または刊行方式）の特性」エリアに「電子的内容」を示す語が詳細に用意され、リモートアクセス可能な資料で内容が随時更新される場合は「版」エリアを記録せず、リモートアクセスのみ可能な資料でコンピュータに格納されている場合は「形態」エリアを記録しないことなどがある。

■□コラム7□■

FRBRとは

FRBR（Functional requirements for bibliographic records）とは国際図書館連盟（IFLA）が示した「書誌レコードの機能要件」で、IFLAの目録分科会常任委員会で承認を受けた後、1997年9月に最終報告書が出された。FRBRは「パリ原則」にとって代わる新たな目録原則として2009年2月に刊行された「国際目録原則覚書」（Statement of international cataloguing principles：ICP）の概念モデルとしても全面的に採用されている。

FRBRは書誌レコードの機能要件を書誌データの利用者の行動である「発見（find）」「識別（identify）」「選択（select）」「入手（obtain）」に関連付け、実体関連分析（実体と属性・関連にもとづく分析）によって概念モデル化されている。

FRBRの「実体」は、三つのグループに分けて定義されている。

第1グループ

知的・芸術的活動の成果を示す実態として「著作（work）」「表現形（expression）」「体現形（manifestation）」「個別資料（item）」を定義した。

「著作」とは、表現形の間の共通性により表現される個別の知的・芸術的創造を示す抽象的実体（例：『源氏物語』）である。

「表現形」とは、著作が様々な形式で「実現される」ごとに生じる知的・芸術的形式を表す実体（例：谷崎潤一郎訳『源氏物語』）である。「著作」と「表現形」の二つは、資料の知的・芸術的内容を反映する実体といえる。

「体現形」とは、知的内容・物理的形式に関し同一の特性を持つ全物理的対象を表す実体（例：谷崎潤一郎訳・中央公論社刊『源氏物語』）である。

「個別資料」とは、ある体現形の一つの具体的な物理的対象を表す実体（例えば、A図書館所蔵の谷崎潤一郎訳・中央公論社刊『源氏物語』のうちの一冊）である。この「体現形」と「個別資料」の二つの実体は、資料の物理的形態を反映する実態といえる。第1グループの実体とそれらの主要な関連は下図のようになる。

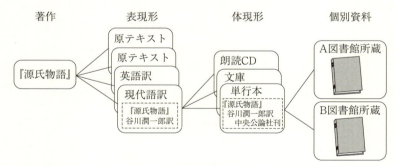

図7.12　FRBRの第1グループ

第2グループ

知的・芸術的活動の成果に責任をもつ実体として「個人（person）」「家族（family）」「団体（corporate body）」が実体として定義される。第2グループの実体は、「典拠データの機能要件」（FRAD：Functional Requirements for Authority

Data）の概念化につながる。

第3グループ

知的・芸術的活動の成果の主題を表す「概念（concept）」「物（object）」「出来事（event）」「場所（place）」が定義される。第3グループの実体は、「主題典拠データの機能要件」（FRSAD：Functional requirements for subject authority data）の概念化につながる。

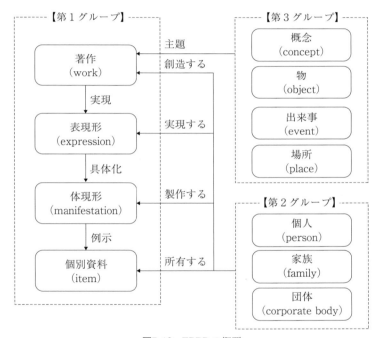

図7.13 FRBRの概要

FRBRは目録規則ではなく、目録の原則的な概念を示したものである点に注意を要する。FRBRが目録規則に結実するには、FRBRを咀嚼し、国際的な標準規則や各国の目録規則が制定されるという流れになる。利用者の行動に基づき書誌データの機能要件を定義したことはFRBRの大きな特徴といえる。

（河手太士）

Question 7 （下の各問題に50字以内で答えなさい）

(1) ISBD について説明しなさい。

(2) NCR について沿革に沿って説明しなさい。

(3) 書誌階層、書誌レベル、書誌単位について説明しなさい。

(4) FRBR について説明しなさい。

(5) RDA について説明しなさい。

第8章 デジタル情報資源の組織化とメタデータ

1 デジタル情報資源の組織化

1.1 図書館とデジタル情報資源——デジタル情報の図書館資源化

　図書館は図書、記録など必要な資料を収集し、一般公衆の利用に供する施設であり（図書館法第2条）、その扱う資料は元々図書中心であった。その後新聞や雑誌を加え、20世紀には提供資料の領域は、録音資料、映像資料などAV資料へと拡大した。そして20世紀半ばにはデジタル資料の登場を見る。目録規則、書誌記録の標準なども、上記のように変遷した対象メディアが記録できるよう変化を続けて来た。また、この記録、書誌情報・目録の媒体形態もカード系からデジタル系、OPACに代わった。記録媒体のデジタル化は、目録、書誌情報の公開、共有化（書誌ユーティリティ）を実現した。更に公開は、書誌情報にとどまることなく、コンテンツの公開に達している。そしてその公開コンテンツは、図書（電子書籍）、文書へと至った。ここにデジタルアーカイブの成立が見られた。そこには博物資料など文字情報以外の情報が含まれるが、これを文字情報と融合するためのアイテムとしてメタデータの有効化が図られている。本章では、上記のような件を扱うものとする。

1.2 デジタル情報資源の提示——マークアップ言語

　OPAC、Web、e-メールなどデジタル情報は、コンピュータ言語によって組み上げられ、文書化、可視化されている。文書記述言語のうちには、国際標準の位置を占めるものがある。

　HTML、XML、RDF／XMLは、W3C（World Wide Web Consortium）で制

定を進めているインターネット上における文書記述言語の国際標準である。XML の源流は、文書フォーマット SGML（Standard Generalized Markup Language）であり、XML の本質はシステム利用者がタグを自由に設計し定義できることにある。XML や HTML はマークアップ言語であり、マークアップするとはデータの前後に、特定の文字列を使って、印をつけて値を識別することである。識別用の印は、"〈" と "〉" に囲まれた開始タグと、"〈／" と "〉" に囲まれた終了タグで、これが「要素」または、「エレメント」を表現する。開始タグから終了タグまでに囲まれたデータが、要素、エレメントの値である。

〈書誌〉
　〈タイトル〉もし高校野球の女子マネージャーがドラッカーの『マネジメント』を読んだら〈／タイトル〉
　〈著者〉岩崎夏海〈／著者〉
　〈出版者〉ダイヤモンド社〈／出版者〉

　XML と関連して、汎用的な意味構造を定義する RDF（Resource Description Framework）は、E-R モデル（Entity-Relationship Model）を意識した意味定義のための汎用モデルである。RDF モデルをコンピュータで表現できるように XML で表現したのが、RDF／XML（XML 上の RDF との意味）である。
　RDF データモデルでは対象を最小単位に分解し、厳密な意味定義を可能にするモデルである。まず、意味を表現するにあたって、リソース（記述対象である情報資源）、プロパティ（性質）、リテラル（値）で記述することを約束する。組み合わせは、主語（リソース）、述語（プロパティ）、目的語（リテラル）の文章で表現することが可能である。
　RDF モデルは、主語（リソース）を丸で囲み、目的語（リテラル）を四角で囲み、これをそれぞれノードとする。そして、この間を述語（プロパティ）としてアークで結び付け、これを有向ラベル付きグラフと称する。この時、目的語がリソースである場合は、その目的語を主語にして別の文（statement）が続

第8章　デジタル情報資源の組織化とメタデータ

図8.1　RDFの基本データモデル

くという連鎖型のモデル表現も可能である。グラフは、ノード、アーク、ノード、アーク…という連鎖ができる。同じ主語に対する複数の文を表現するために、一つのノードから複数のアークが伸びるモデルが表現可能である。

2　デジタル情報資源のネットワーク化とメタデータ

2.1　情報資源のネットワークを可能とするもの――メタデータ

(1)メタデータとはなにか

"メタデータ"は普段の生活でも耳にする語となっている。2008年には『広辞苑』（岩波書店　第6版　2008年）にも採り上げられ「データの意味を記述あるいは代表するデータ」と定義づけされている。メタなデータ、つまりデータについてのデータという意味で、一つのデータ（群）に対してそれを包摂する、より上位、抽象度の高い付加的なデータ（システム）を指す。メタデータは、目録（書誌データ）を含み、さらにそれを超えたところの、大きな括りのデータ組織枠である。例えば、博物館、アーカイブなどのデータ（MLAデータ）との共時的な操作を可能とする。

メタデータは、基礎的には情報資源の記録である。「記録」つまり資源の代用物（surrogate）を表示する方法、記述法である。目録規則はこれに当たるがこれでは機能が走査しない。博物館、アーカイブなどのデータ（たとえば、実物の記録）との共時性を実現するには、管理関係のメタデータが必要である。それだけではない。メタデータは幾つもの次元で必要である、数えてみると3種、さらには6種のカテゴリーの枠組みとなる。考察してみよう。

(2)メタデータの枠組み
①記述メタデータ Descriptive metadata
　情報資源の発見、同定、選択、収集、アクセスを目的としたメタデータ。目録などの書誌データは、記述メタデータに当たる。主要なメタデータである。

②管理メタデータ Administrative metadata
　情報資源の管理、保存や権利などに関するメタデータ。次の三つに区分できる。
ア）技術メタデータ technical metadata
　主にデジタル資源の利用、すなわち再生する際の技術的なメタデータ。
イ）権利メタデータ right metadata, use metadata
　情報資源にアクセスし利用する際の条件や許諾の範囲、手続きなどを記録したメタデータ。
ウ）保存メタデータ preservation metadata
　情報資源の受け入れ時の状態や保存行為として情報資源に対して行った措置などを記録したメタデータ。

③構造メタデータ Structural metadata
　主にデジタル情報資源におけるファイル群の構成や記録を担うメタデータ。
　この6種のカテゴリーに分かれる。メタデータのいずれによって、記述を行うかはまさに、各コミュニティの必要性によっている。

(3)メタデータスキーマ（記述規則）
　メタデータを論議すると必ず出てくる用語にスキーマ（schema）がある。スキーマとは、規則のことであり、記述や表現に制約を加えることでもある。メタデータスキーマには、メタデータ記述に関わる下記定義を必要とする。

①属性(記述項目)

　メタデータの記述規則の基本は属性の名前とその意味を定義することであり、これが基本である。タイトル、著者などの属性を表す語とその集合の定義である。この定義する属性を、エレメント(要素)と呼ぶ。

②属性値の型

　どのような形式で、どのような種類の値を記述するのかの定義である。例えば、日付の形式や使用する統制語彙表の名称などがこれに当たる。例えば、ダブリンコアでは日付の記述はISO8601を推奨しており。統制語彙の記述には、DDCやLCSHなどの統制語彙表を用いることを推奨している。

③属性ごとの記述上の構造的制約

　属性の中で、必須項目、推奨項目(記述することが求められる項目)を定め、省略可能な項目、繰り返しできる要件等の制約を定めること。

④実現形式(エンコーディング方式)

　具体的な機械可読形式として、メタデータをどのように記述(encode：書きかえ)するかを定めることである。

2.2　各種領域(コミュニティ)が開発しているメタデータ

　前項の定義は、共通の枠組みであるが、MLA(博物館：Museum、図書館：Library、文書館：Archives 後述)をはじめ異なるコミュニティのメタデータは多様である。本来は図書館領域のそれを示すべきだが、本章第3節で詳述する。ここでは各種コミュニティが開発しているメタデータを素描し一端を紹介する。

(1) IEE LOM (Learning Object Metadata)

　米国のIEEE (The Institute of Electrical and Electronics Engineers)が検討を進めているメタデータ。e-learning　教育学習資源のメタデータ。

(2) OAIS（Open Archival Information System）

　デジタルコンテンツにおけるアーカイブ保存のためのメタデータ。OAIS参照モデルはISOの標準規格（ISO14721：2002）にも承認されている。OAISは、内容情報と各種メタデータ（保存記述情報）を含む情報パッケージからなる。

(3) PREMIS（PREservation Metadata：Implementation Strategies）

　OCLCとRLGという二つの有力な書誌ユーティリティをスポンサーにした作業グループで電子資料の保存メタデータの標準を目指す取り組みであった。2005年最終報告書を仕上げて作業グループは解散し、LCの「PREMIS維持活動」に引き継がれた。

(4) METS（Metadata Encoding and Transmission Standard）

　電子資料の保存や交換のために、記述メタデータ、管理メタデータ、資料の構造についてまとめて記録する方法を定めたXMLスキーマである。電子図書館連合（Digital Library Federation）が策定したものを、LCが受け継いでいる。

(5) MODS（Metadata Object Description Schema）

　図書館MARCを基礎にしてXMLによる書誌記述目的のメタデータ。MARCフォーマットで伝統的に使用してきた番号による識別子タグを廃し、テキスト化したボキャブラリーによるタグを使用した。

(6) CIDOC CRM（Conceptual Reference Model：概念参照モデル）

　国際博物館会議（International Council of Museums）の国際ドキュメンテーション委員会（International Committee for Documentation）によって提案された国際ガイドラインに基づく、概念参照モデル。博物館における資料の受入から廃棄に至る管理プロセスを22の情報グループと74の情報カテゴリーに分類、表現する。

第8章　デジタル情報資源の組織化とメタデータ

(7) ONIX（ONline Information eXchange）
　書籍の電子商取引に用いるメタデータ。ロンドン本部の出版物流通を推進する国際団体 EDItEUR（European Book Store Electronic Data Interchange Group）が管理するメタデータ。書誌データばかりでなく、出版社情報、マーケティング情報等も含んでいる。

2.3　ダブリンコア——図書館界から生まれた代表的メタデータ

　上記で紹介しただけでもに各種のメタデータがある。その中で、ネットワーク情報資源の発見と利用を目的として開発されたメタデータであるダブリンコア（Dublin Core）が注目を集めている。

(1) ダブリンコアと DCMI
　ダブリンコアの始まりは、1995年3月に米国立スーパーコンピュータ応用研究所（= National Center for Supercomputing Applications：NCSA）と OCLC が主催した第1回メタデータワークショップである。ここで＜記述メタデータ＞を基本13エレメント（後に、15エレメントとなる）として定義したのが出発点であった。米国オハイオ州ダブリンで開催されたことがその名の由来である。ダブリンコアの開発には、ネットワークをめぐる各種コミュニティや WWW 分野の情報専門家等、多彩な背景をもった人々が加わった。図書館コミュニティからも、OCLC の人材が中心的に関わった。
　ダブリンコアの開発機関を、Dublin Core Metadata Initiative（DCMI）と呼ぶ。この開発機関のことを本書では DCMI と称する。一方、ダブリンコアと言った場合は、ダブリンコアの要素・エレメントの集合、記述規則などを指す。

(2) ダブリンコアの二つのエレメントセット
　いろいろなコミュニティの情報資源を取りまとめて扱おうとするダブリンコアは、相互運用性を確保しながら、各コミュニティの応用部分の要望にも応えるという一見矛盾した課題を追求してきた。相互運用性を確保するには二つの

表8.1　DCMESバージョン1.1

データ項目名	日本語名	定義
title	タイトル	情報資源に与えられた名称
creator	作成者	情報資源の内容の作成に主たる責任を負う個人・団体
subject	主題（キーワード）	情報資源の内容の主題（トピック）
description	内容記述	情報資源の内容の説明・記述
publisher	公開者	情報資源の公開に対して責任を負う個人・団体等
contributor	寄与者	情報資源の内容に何らかの寄与・貢献をした個人・団体等
date	日付	情報資源のライフサイクルにおける何らかの出来事に関係する日付
type	資源タイプ	情報資源の内容の性質やジャンル
format	フォーマット（記録形式）	情報資源の物理的形態またはデジタル表現形式
identifier	資源識別子	情報資源を一意に識別する識別子
source	出処	当該情報資源が派生するに至った元の情報資源への参照
language	言語	情報資源の内容表現に用いられている言語
relation	関係	関連する情報資源への参照
coverage	時空間範囲	情報資源の内容が表す範囲または領域
rights	権利情報	情報資源に関わる権利情報

方向性がある。一つは項目を絞り込み、合意項目を限定する方法である。二つには、多様な要望項目を網羅的に取り込むことである。

　ダブリンコアは、前者の方向として基本15エレメントを定義した。この基本要素を、シンプル・ダブリンコア（Simple Dublin Core）という。基本15エレメントの中には、"creator"、"publisher"、"contributor"のように当初から、「区分が明確でない」と問題視されたエレメントもあった。このエレメントがデータ蓄積がなされていることもあり、その開発機構（DCMI）は、基本15エレメントセットを"DCMES Version 1.1"と固定化する方針をとる。

　ダブリンコアというとシンプルな記述要素というイメージが強いが、エレメントの詳述化も模索している。基本15エレメントセットはそのままにして、さらに55エレメントを定義して追加した。

詳述化したこの記述要素を"DCMI Metadata Terms"と称し、先の15エレメント（表8.1参照）とは別の記述要素としている。

詳述化した記述要素に対して当初、限定子（qualifier）を付ける手法をとっていたため、限定子付きダブリンコア（Qualified Dublin Core）と称した時期があった。しかし、意味を詳述化する方法を、本章第2節2.4で詳述する RDF（Resource Description Framework）に依拠する方向性を強めたこともあり、RDFにならい「詳細化という限定子」を使わなくなった。

(3)記述対象の一対一原則

実際にメタデータを記述する場合、対象にどういう単位を用いて記述するのかが問題になる。冊子体の資料の場合であれば、記述対象はその冊子そのものであり記述対象は比較的明確であるが、デジタル資料の場合にはどこ迄が「ひとまとまり」の資料か、何かが、必ずしも明確ではないことが多い。デジタルでは別々のデータ実体で作られる文書要素（たとえば、章・節、図・表、写真、動画など）を組み合わせてひとつの文書を作り上げることも多い。ひとつの論文が章毎に分けられ複数のファイルで構成されている場合、論文にひとつのメタデータを与えるのか、それとも各章毎（すなわちファイル毎、あるいは URL を与えた実体毎）にメタデータを与えるのかが問題となる。ダブリンコアでは原則として対象資源とメタデータは1対1で与えるとの原則がある。この原則に従えば、この論文の例では各章毎にメタデータを与える。ひとつの論文が何枚ものページイメージでできている場合、論文全体とページイメージ毎にメタデータをそれぞれ与えることになる。

(4)実現形式——エンコーディング（書きかえ）方式の選定

ダブリンコアは相互運用性の課題があり、メタデータスキーマ（規則）で必要とされる表現形式の記述様式は利用する各システムにまかせている。

ダブリンコアは、人も重視するが、それ以上にコンピュータが判断できることを重視する。DCMI では、最終的な実現形式である機械可読のためのエン

コーディング方式について、進化の著しい WWW の技術である HTML、XML、RDF ／ XML の使用を推奨してダブリンコア独自には何も決めていない。

(5)アプリケーション・プロファイル（Application Profile）
　ダブリンコアは、ダブリンコアのエレメント（要素）セットとほかのメタデータエレメントセットを組み合わせて記述するアプリケーション・プロファイルという手法を2000年に提案した。
　新たなエレメントセットを定義しないで、既存のメタデータエレメントセット同士を組み合わせて定義するのである。組み合わせるエレメントセットの内容としては①属性、属性値の型、クラスを表す語等のメタデータ語彙、メタデータボキャブラリ②属性毎の記述要件、すなわち、属性毎の必須か否か、省略の可能性、繰り返し要件等である。
　ここにおいてすでに定義されているエレメントセットを、組みわせて再利用することを徹底させ、推奨し、これをアプリケーション・プロファイルと称している。従来では異なるエレメントセットで作られたメタデータをもって、相互運用性を得るには、いわゆるクロスウォーク（crosswalk）という手法で対象毎のメタデータエレメントセット間を個別にマッピングする必要があった。アプリケーション・プロファイルの考えに基づくことで異なるメタデータエレメントセット間の関係づけが容易になった。
　DCMI 機構は2007年にシンガポールで国際会議を開き、シンガポール・フレームワーク（Singapore framework）を策定した。これは上記2000年のアプリケーション・プロファイルを詳細化し、ダブリンコアのキー概念として、再定義したものである。

3　デジタルアーカイブシステム
―― 記述メタデータ以外のメタデータ ――

3.1　レンディングライブラリーからデジタルアーカイブへ
　図書をはじめとする情報資源の貸出によって、利用者の情報ニーズに応える

第8章 デジタル情報資源の組織化とメタデータ

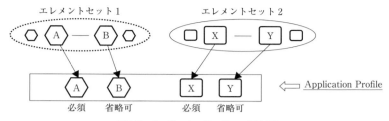

図8.2 Application Profile の概念図

レンディングライブラリー（lending library：貸出図書館）は、現在も日本の多くの公立図書館が主な業務としている。しかし、インターネット、デジタル化の社会を迎えて以後、図書館サービス業務の中にインターネット、デジタル化の影響を様々な面でみることとなった。そのため、単にレンディングライブラリーの機能のみの図書館は少なくなっているのが現状である。

図書館の多くの業務にコンピュータベースが導入され、情報資源組織化においては書誌データベースの構築がなされてきた。図書館におけるデジタル資源の提供について、その主体を軸にみると外部資源の取次ぎ提供（仮に外部系と呼ぶ）と、所蔵資源、特に独自的資源のデジタル化と一般利用者への Web 公開（仮に内部系と呼ぶ）に分かれる。この場合内部系（後者）は館外における自由な利用を許容（開放）し、外部系（前者）は限定した利用管理に置かれることになる。ただし、内部系、外部系は画一的に分けられず、並行して存在する形が常態といえるかもしれない。資源組織化の技術面では、内部系のそれが中心となる。外部系は技術以前に管理、制約的なガードが置かれている。

このように図書館のインターネット、デジタル化は、書誌データベース、OPAC の構築さらにその公開（WebOPAC）と進んできたのであるが、公共図書館がもっているもう一つのデータベースとして、デジタルアーカイブがある。公立図書館が Web 公開しているデジタルアーカイブは、その地域にしか存在しない情報をデータベース化することによって、地域文化を残し継承していくという重要な意味をもつ。また、貴重な資料をデジタル化することにより、オリジナル資料へのアクセスの必要性を減らすことができるため、将来的にも、

資料の傷みを最小化することが可能となる。

　とはいうものの、デジタル資料の保存については、ハードウェア、ソフトウェアとも寿命が短いため、紙資料やマイクロフィルムと違い次の2種類の方法を用いる。一つは、新しいハードウェア環境にデータ移行を行うマイグレーション（migration）で、デジタル情報を継続的に新しい記録媒体へ移行するものである。もう一つは、古いデジタル情報を利用するために、技術環境を疑似的に再現するエミュレーション（emulation）であるが、その実行には専用アプリケーションを必要とする。

　図書館における資料デジタル化事業の多くは委託業務であり、デジタル化の分量や内容にもよるが、デジタル化（アーカイブ化・電子書籍化など）高額な予算措置を必要とする。事業化する場合、一般会計予算からの捻出は必然性がない限り難しいといえよう。したがって国などのICT関連等の補助金や助成金の有無がカギを握る。もしこのデジタルアーカイブ事業を国の方針として進めるのであれば、その情勢に関わる予算的措置が今後の要となるであろう。

　デジタルアーカイブを構築するための技術、また、市民への「見せ方」についても、図書館職員に一定のスキルが必要になる。公立図書館におけるデジタルアーカイブは、地域資料のデジタル化とその保存および公開ということになるが、それを実施するためには図書館情報システムのリプレースなどの機会を活用して地域資料デジタルアーカイブの仕様に組み込む方法が一般的である。この場合元画像データ、サムネイル画像データ（集合小画像データ）、メタデータの入力様式に従って、追加アップしていくことになる。

　大学図書館での例であるが、デジタルアーカイブを広く世界に発信している例として、神戸大学附属図書館の震災文庫アーカイブが知られる。所蔵貴重資料のうち学術資産や教育・研究成果を発信しているが、特に1995年に起きた阪神・淡路大震災関連の「震災文庫デジタルアーカイブ」が特に良く知られている。「震災文庫」の所蔵資料について詳細なメタデータを提供し、そして著作権者の許諾を得て、図書約460点、写真約24,000点、一枚もの約3,100点のほか、動画・音声・広報類・データファイルなど多岐にわたる一次資料のデジタル公

第 8 章　デジタル情報資源の組織化とメタデータ

開を行っている。公立図書館一般にもこうした方向での情報組織化の要請がなされる時代となっていよう。

3.2　NDL デジタルアーカイブシステム

　記述メタデータ以外のメタデータについて、国立国会図書館デジタルアーカイブシステムを事例の中心として解説する。

(1)システムの目的概要

　NDL は、電子図書館サービスの目標のひとつ「デジタル・アーカイブの構築」実現のため、2009年に運用を開始している。下記三つの目的をもっている。
・デジタル情報の収集・蓄積（Web サイト・インターネット上の白書・年報・電子雑誌など、著作物・貴重書や図書・雑誌などデジタル化された資料）
・デジタル情報の長期的な保存と利用
・他システムとの連携・協働（国内外の各種ポータルサイトなどの他システムとメタデータを基にした連携機能）

　国立国会図書館デジタルアーカイブシステムは多様なシステムで構成されている。2011年7月現在では実装されていないが、国立国会図書館のデジタル化資料を統合する「NDL デジタルアーカイブ（NDL-DA）のガイドライン」（案）が策定されている。この項ではこのガイドライン（案）を実例に解説を加えていく。NDL アーカイブシステムのメタデータ・スキーマを統合するガイドライン（案）が2007年に策定された。だが2011年7月現在、案の段階で実装されてはいない。（http://www.ndl.go.jp/jp/aboutus/ndl-da.html、〔参照2013-11-28〕）

(2)情報パッケージ

　NDL-DA システムは、デジタルコンテンツの長期的な保存と利用を目的としており、情報パッケージの単位でコンテンツの長期保存と利用を実現させている。これは、OAIS 参照モデル（本章第2節(2)参照）を使用して、コンテンツ

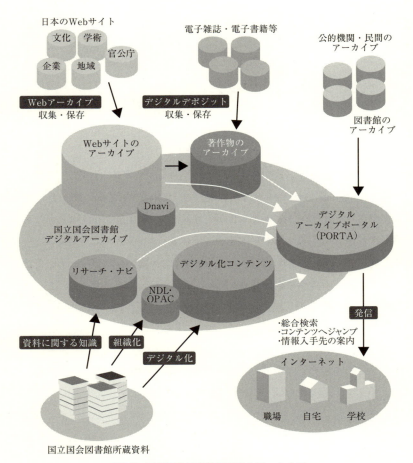

図8.3　国立国会図書館デジタルアーカイブ

をメタデータ（保存記述情報）と関連付け、「情報パッケージ」として保存している。この保存記述情報に当たるメタデータには、記述メタデータ、技術メタデータ、権利メタデータ、保存メタデータ、管理メタデータが含まれる。このシステムでは、情報パッケージのメタデータスキーマとして METS 1.6 (Metadata Encoding and Transmission Standard)（本章第2節(4)参照）を使用し、コンテンツ情報、保存記述情報を1つの XML レコードとして作成する。

第 8 章　デジタル情報資源の組織化とメタデータ

表8.2　NDL メタデータスキーマ

個別機能システム	メタデータスキーマ
近代デジタルライブラリー	JAPAN／MARC をベースとした独自スキーマ（非公開）
インターネット資料収集保存事業（Web サイト別）	国立国会図書館メタデータ記述要素
データベース・ナビゲーション・システム（Dnavi）	国立国会図書館メタデータ記述要素
デジタルアーカイブポータル（PORTA）	DCNDL_PORTA スキーマ
国立国会図書館のデジタル化資料	国立国会図書館ダブリンコアメタデータ記述（DC-NDL）

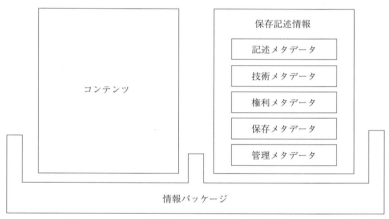

図8.4　OAIS 参照モデルにおける情報パッケージの概念図
出典：NDL デジタルアーカイブシステム「メタデータスキーマガイドライン（案）」。

(3)保存記述情報に含まれる各種メタデータ

　NDL-DA アーカイブシステム情報パッケージには、以下のメタデータが含まれる。以下、NDL デジタルアーカイブシステム「メタデータスキーマガイドライン（案）」による（図8.4）。

①記述メタデータ
　記述メタデータは、目録に当たる書誌情報を取り扱う。具体的には、タイト

169

ル、著作者、出版者、巻号番号、分類、識別子などの情報である。関連コンテンツやデジタル化原本の情報も含んでいる。コンテンツを検索及びコンテンツの情報を参照するために使用される記述メタデータのスキーマは、ダブリンコアより詳細であるが、全マークデータを表現する MARCXML より若干簡略化した MODS 3．(Metadata Object Description Schema) を使用している。

②技術メタデータ

　保存対象資源の再生に必要な技術要素を表すメタデータである。具体的には、CPU、メモリ、プレイヤーなどのハードウェア情報及び、オペレーティングシステム、再生アプリケーションプログラム、バージョンなどのソフトウェア情報、保存対象のビット列の属性（サイズ、フォーマットなど）を記述する。

③権利メタデータ

　保存対象のコンテンツの利用を規定するメタデータである。利用者の義務や禁止事項、許可事項、制限事項などが記述されている。

④保存メタデータ

　コンテンツが作成された理由やプロセス、保存システムで受け入れた日付、プログラムやデータの移行・変換作業に当たるマイグレーション履歴、データの変更・更新を表すビット列のハッシュ値などを記述する。これら、保存メタデータスキーマは、PREMIS（本章第1節1.3参照）を参考に設計されている。

⑤管理メタデータ

　コンテンツとその収集・作成過程、メタデータの更新履歴が記述されている。管理メタデータスキーマは、NDL-DA 独自設計のメタデータスキーマである。

(4) NDL デジタルアーカイブへのアクセシビリティ

　国立国会図書館デジタルアーカイブのコレクションは、その集積のすべてが、

第8章 デジタル情報資源の組織化とメタデータ

Web 上、あるいは近くの図書館で利用できるというわけではない。実際の提供は、絶版等入手困難の理由を申し立て、承認を受けた場合にだけ、当該の公共図書館、大学図書館に送信される。この‘絶版等の理由で入手が困難な資料’というところに著作権者との利害対立の妥協点である。だがデジタル化資料を、公共図書館に送信し、利用者が館内閲覧したことによって、著作権者が損害を受けるということは考えにくい。情報のアクセシビリティと知的創造の側面から、商業的な出版と学術的な出版の区別をすることも含め、この‘絶版等の理由で入手が困難な資料’という要件は外すべきではなかろうか。

3.3 図書館の Web API

2012年3月、総務省が「知のデジタルアーカイブ：社会の知識インフラの拡充に向けて」を出し、「デジタルアーカイブの構築・連携のためのガイドライン」と「知のデジタルアーカイブに関する研究」の必要を提言した。このあたりから、市立図書館レベルにおける議論が昂進した。

デジタル化の仕様については、国立国会図書館「国立国会図書館資料デジタル化の手引き2011年版」に則して、実施していくことが望ましいとされている。また、各データベースを利用するため、API（Application Programming Interface）を利用することで、外部データベースの検索機能を利用するための全く初めからのプログラミングの手間を省くことができる。国立国会図書館では外部インタフェースとして、各機関のアプリケーション等から「国立国会図書館サーチ」検索が可能であり、メタデータを取得する際に利用するインタフェース仕様として、「国立国会図書館サーチ 外部提供インタフェース仕様書」（第1.15版）（2015年9月18日）も公開されている。これは、APIによって、データベースを相互にやり取りできる便利なインタフェース仕様であり、今後このAPIの普及によって、データベースが全国的に公開しやすくなる。こうしたAPIによるデータベースの活用実績を見ると、すでに官公庁の統計類が利用できるようになっている。国立国会図書館も国立国会図書館サーチのデータベース検索範囲拡大のため、各図書館のデータベースにAPI実装を推奨して

いる。

　都道府県立図書館や政令指定都市立図書館は、国立国会図書館に自館の蔵書のデータを提供していく必要がある。通常は手動のFTTP（Fiber To The Premises）で定期的にアップするかAPIによって自動で提供するかのどちらかになる。しかし、特に歴史の古い公共図書館では、蔵書のうち古い資料のメタデータが正確に記述されていない場合があるため、データ提供に非常にデリケートになってしまうところがある。

　以上のほか「デジタルアーカイブ」として、近代デジタルライブラリー、歴史的音源（れきおん）、国立国会図書館インターネット資料収集保存事業（WARP：Web Archiving Project）がある。

3.4　デジタルアーカイブ構築：今後の展望

　2014年4月の「公共図書館の電子図書館・電子書籍サービスのアンケート報告」（電子出版制作・流通協議会）によると、デジタルアーカイブの課題点として最も多いのが、「デジタル化予算措置」の80％、次に「担当者・人材不足」66％、「資料などをデジタル化するための環境（情報機材・ネットワーク環境等）」が63％となっている。歴史的な地域資料のデジタル化とインターネット配信は、図書館に来館しなくても見ることができることによる地域の知名度アップ、観光戦略にも役立ち、そのことで地域経済の活性化に効果も期待できることも考えられるが、具体的な効果測定ができない限り、財政当局の理解と予算措置は難しいのかもしれない。デジタル・ネットワーク社会の進展にもかかわらず、その地元の図書館に行かないと閲覧することができないということは、情報が埋もれてしまっている状況であり、地域資料のデジタル化でも、こうしたヒト・モノ・カネの問題が壁となっている状況を示している。さらに、この調査で、課題として挙げられているのが、「デジタル化するための十分な知識や経験がない」58％、ということである。これは、司書養成課程カリキュラムに組み込む必要があるのではないだろうか。実際に現場でよく問題にされるのが、「デジタル化するための権利処理問題」55％である。地域資料におけるパンフ

第8章　デジタル情報資源の組織化とメタデータ

レットや写真など権利の所在については、その権利交渉の窓口、組織の関係、人間関係などで、複雑に絡み合っているケースがめずらしくない。例えば、地元の自治会が出している祭りのパンフレットなども、その著作権の権利は、自治会が窓口なのか、祭りの主体である神社等であるのか、また、そこに使われた写真や、紹介された個人の権利問題など、一筋縄では解決しない権利処理の問題が発生することも十分想定されることである。

　デジタル化の技術については、国立国会図書館が、資料デジタル化に関する研修を実施したり、前述の手引きの活用を促したりしているが、実際の更なる専門的な知識となると、デジタル化に付随するコンピュータの知識も必要になってくる。同じく国立国会図書館などで実施された、デジタル化に伴う権利処理のノウハウも学ぶ必要がある。一方、「電子書籍提供でのぞまれる分野について」という質問項目では、「自治体電子化資料・地域資料」が66％と最も多い。図書館職員の意識が、やはり地域資料のデジタル化とその提供に向かっていることが窺える。ただし、「提供を検討しているサービスについて」という質問項目では、「図書館独自のデジタルアーカイブ」というのが30％しかなく、組織的に検討に取り組んでいる割合がかなり低いという問題が存在する。

　地域資料のデジタルアーカイブ構築一つをとってもこれだけの課題がある。しかしそれを一つずつ解決する方策を立てることによって、総務省の「知のデジタルアーカイブ」の促進を図ることができ、そのことで、国政の進める地方創生につながる可能性が出てくる。さらに、地元図書館でしか持っていない地域の情報を全国的に発信することによって、地域文化の発展と継承という、図書館の使命を果たすことができるのではないだろうか。

■□コラム8.1□■

図書館とエンコーディング方式

MARCフォーマットを開発た図書館界の書誌データ、例で見てみよう。

001	000001518118	←レコード識別番号
020	81042437	←全国書誌番号
102$A	JP	←出版国コード：日本国
251$A	吉里吉里人	←本タイトル
551$A	キリキリジン	←タイトル標目カタカナ形
251$F	井上ひさし著	←責任表示
257$A	東京	←出版地
257$B	新潮社	←出版者
257$D	1981.8	←出版年
275$A	834p	←形態：資料の数量
275$B	20cm	←形態：資料の大きさ
275$E	7p	←形態：付属資料
650$A	井上、ひさし（1934-2010）	←個人著者標目
650$A	イノウエ、ヒサシ	←個人著者標目
685$A	KH191	←国立国会図書館分類表（NDLC）
677$A	913.6	←日本十進分類表（NDC（8）

　図書館（界）は、WWW（Web）との親和性の高いフォーマットを開発した。LC が MARCXML を開発し。エンコーディング方式（書きかえ）は、MARC21フォーマットのデータを WWW 上で完全に表現できる。現行の MARC21が蓄積しているデータを XML 環境で使用できる。図書館界以外では、館界の識別子によるタグ番号に馴染みがなく、WWW 環境との親和性が弱い。

　次に図書館コミュニティで開発されたメタデータスキーマに MODS（Metadata Objective Data Set）がある。メタデータスキーマと、エンコード方式である XML が一体となったもので、データの詳細さは MARCXML とダブリンコアの中間に位置する。MODS は、マークアップ言語としてのエレメントを分かり易い語彙で表すので、図書館界以外とそれの親和性は強い。内容もダブリンコアのエレメントセットより詳細である。ただし MARC データの一部毀損を起こすおそれもある。

（杉山誠司）

第8章 デジタル情報資源の組織化とメタデータ

─ ■□コラム8.2□■ ───────────────────────

メタデータの応用プログラム──OAI-PMHハーベスティング

　既に図書館界でも実用化されているOAI-PMH（Open Archives Initiative Protocol for Metadata Harvesting）をメタデータの応用プログラム例として紹介しておく。これは、OAIが開発したメタデータ収集ツールである。最新のものは2002年に制定されたバージョン2.0である。

　OAI-PMHの基本的な枠組みは、「データプロバイダ」及び「サービスプロバイダ」と呼ばれる2種類の参加者によって形成される。データプロバイダは、OAI-PMHによる要求、リクエストに応答できるサーバを維持する。サーバーはリポジトリと呼ばれる。一方、サービスプロバイダは、データプロバイダが提供するリポジトリからOAI-PMHを使用してメタデータを収集し、それに基づき各種の付加価値をもったサービスを提供する。メタデータの作成は、データ作成元であるデータプロバイダが分担して作成する仕組みである。日本の大学図書館でも機関リポジトリが稼働している。

　データプロバイダに当たる各大学・大学図書館は、所属教員の著書・学術文献とその情報資源のメタデータを蓄積し、リクエストに応答できるサーバであるリポジトリを維持する。このサービスのプロバイダに位置づけられる国立情報学研究所（NII）は、整備したOAI-PMHに準拠して定期的にメタデータを、データプロバイダである各大学・大学図書館のリポジトリから収集する。一般利用者は、CiNiiを通じて情報資源を探索し、直ちにリポジトリから文献全文を入手するという仕組みである。

（杉山誠司）

Question 8 （下の各問題に50字以内で答えなさい）

(1) メタデータとは何ですか。

(2) ダブリンコアについて説明しなさい。

(3) NDLデジタルアーカイブシステムについて説明しなさい。

第 9 章　多様な情報資源組織

　近年、図書館と図書館サービスは大きく拡大してきている。図書館の量的な拡大に留まらず、質的にも大きく変貌している。利用者の求める情報資源要求の拡大、変化から、図書館の情報資源組織化でも多様な課題が生まれている。

　第一に、社会における情報資源の多様化がある。図書館では、図書が主体であったが、雑誌などの逐次刊行物が、研究図書館を中心に学術資料・情報の掲載媒体として特に重要な役割を担うようになっている。それ以外でも、地図資料、音楽資料（楽譜）、古文書など求められる資料の形態は多様である。紙資料ばかりではなく、写真等の静止画資料、音声系の録音資料、動画などの映像資料へと資料形態は多様化している。それらを複合したいわゆるマルチメディア資料も広く流通している。デジタル資料が流入し、それがネットワーク上で流通し、図書館での情報資源組織化を多様なものにしている。

　第二に、特定利用者層の拡張がある。例えば、それは障害者の利用サービスであり、民族的、言語的、文化的なマイノリティにむけた多文化サービスである。これらも情報資源組織化の新たな課題を生み出している。

　そこで、公共図書館を中心に情報資源組織化を論じてきた本書であるが、国立国会図書館、大学図書館、学校図書館、児童図書館における情報資源組織化について短く説明を行う。また、図書館は独立して存在するわけではなく、近年他の業態との共存・共栄の方途が強く求められている。特に、図書館と近似の保存型のサービス提供機関である、文書館・博物館などと、博物館（Museum）図書館（Library）文書館（Archives）の頭文字をとり MLA 連携と称して大きな注目を集めている。この視点から文書館の情報資源組織化を説明する。

第9章　多様な情報資源組織

1　図書以外の情報資源の目録と情報の保管運用

　図書館で整理される資料・情報は、図書のほかにも多様にある。ここでは、ネットワーク情報資源、新聞や雑誌、CDやDVD、地図やマイクロフィルムなどの組織化を目録と分類に分けて見ていく。

　目録の記述（書誌レコード）では、各種資料の種別を明確にすることと、各資料の種別に合わせて重要となる要素を明記することが大切である。

1.1　各レベルの情報資源の組織化
(1)継続資料

　継続資料とは、完結を予定せず定期・不定期に継続して刊行される資料であり、逐次刊行物と更新資料（完結を予定しないもの）から構成される。

①逐次刊行物

　新聞や雑誌など同一タイトルで継続的に刊行される資料である。

②更新資料

　加除式資料やWebサイトなど内容が追加・変更されても一つの刊行物としてまとまりが維持されている資料である。

　継続資料の目録の対象となるのは、全巻、すなわち同一タイトルをもつ一連（全体）である。紙製の新聞や雑誌に限らず、図書やほかのメディアの体裁をとっていても、継続資料の性質があればこの方式を適用する。この点が通常（単行レベル）と異なる点であり、出版年に関しては初号刊行年から終号刊行年（もし終刊すれば）が明記され刊行頻度があれば注記され巻号・年月次なども分かるようにする。記述は初号（なければ、できるだけ若い号）に基づいて、作成する。タイトルが変更・吸収・派生した場合は、そのことが分かるよう注記し、アクセスポイントにおいては、タイトルの変遷が、相互に参照できるように仕

掛けをする。目録の記述では、『NCR1987ⅢR』第Ⅰ部の第1章記述総則と第13章継続資料に基づく。ISSN（国際標準逐次刊行物番号）があれば記述する。

(2)雑誌記事目次情報

　XMLで記述されるメタデータ・フォーマットの一つに、RSS（Really simple syndicationまたはRich site summary）がある。RSSに拠る多数のWebサイトの見出しや要約などを編集、構造化できる。茨城県ゆうき図書館や千葉県野田市立興風図書館などでは、国立国会図書館が行っている雑誌記事索引のRSS配信をもとにWebサイト上で和雑誌の目次情報を提供するサービスを行っている。同様の処理が、APIに拠っても行いうる（牧野雄二・川嶋斉『新着雑誌記事速報から始めてみよう』日本図書館協会，2012. JLA図書館実践シリーズ；21）。

(3)論文全文検索

　この件については、本章第2節2項（2.2）「学術図書館（大学図書館）の情報資源組織化」の記述を参照されたい。

1.2　マルチメディアの情報資源組織化

(1)情報資源組織化

　マルチメディアとは、文字情報、静止画情報、動画情報、音声情報など多様な情報2種類以上を複合的に扱うメディアのことである。科学技術の発展にともなって社会におけるメディアが多様化し、図書館サービスの対象としてのメディアも多様化してきたが、マルチメディアの資料はCDやDVDなど電子資料が普及する前から存在してきた。印刷資料のなかの挿絵や語学教材のカセットテープ、CDなどが複合的な情報の性質をもっていたが、情報資源組織化上その複合性が的確に認識されてニーズに的確に対応してきたとはいえない。従来の目録や分類配架の手法では、主要なもの（印刷資料や語学教材のテキストなど）を記述の本体、検索対象として処理し、副次的なものは対象事項（図版、肖像など）に記載したり、付属資料として扱い、結果その複合的な特性が見え

にくくなっていた。例えば、語学教材であれば、カセットテープやCDなどが付属資料としてあることは目録データの細部を見てはじめて分かるのが一般的で、そういった付属資料をアクセス・ポイントとして検索することは難しかった。それは目録規則が単行本を原則、対象としていたという事情に基づいており『NCR1987ⅢR』においても抜本的には改善されていない。複合的な情報を扱う資料は、CDやDVDであれば電子資料と包括的に扱われ、そのなかで詳細に展開するため、音声情報や静止画情報、動画情報といった特性が複数あっても、そのことが見えにくくなる。同規則の記述の部の構成においては、録音資料、映像資料、電子資料というように章が独立しておりその一つをその規定に則るかたちであるため、従となったメディアが見えにくくなっている。目録規則の歴史では従来、録音資料や映像資料、マイクロ資料など、新しいメディアが図書館資料と認知され、ほかのメディアとは異なる記述が必要になったときに独立した章を追加してきた。メディアの性質が異なるため、各章は互いに排他的であった。

　こういった問題を改善する可能性がコンピュータ目録にはある。コンピュータ目録では、出版国や使用言語、媒体種別など、多くのフィールドを設定することも普及している。目録規則にしたがうだけでなく、コンピュータやデジタル技術の効果を採りいれることで、マルチメディア資料の検索ニーズに対応させることが期待できる。マルチメディアに関しては、複合性をできるだけ反映させるような工夫が求められる。

　文字だけでは分かりにくいものを、静止画像、動画像、音声情報を付加することで、より分かりやすくすることができる。技術の進展により、これらのことが普及しつつある。

　ここで大切なのは、こういった複合的な情報に対するニーズを幅広くとらえることである。一応、文字情報、静止画像、動画像、音声情報などを対象とするが、そういった複合的な情報に対するニーズを考えるだけでなく、「文字の説明が欲しい」「鳴き声が聞きたい」といった単純な情報のニーズにも対応できるようにしなければならない。したがって、当該資料が電子資料などマルチ

メディア資料として検索されるだけでなく、文字情報や音声情報など個別の情報に限定した場合にも検索されるよう、目録データを工夫することが望まれる。そうした工夫がされなければ、検索漏れとなり再現率を下げてしまうおそれがある。マルチメディアといった複合的な情報は、その複合的な特性ができるだけ多様に活かされるよう、目録情報をつくる配慮が望まれる。

　マルチメディアの目録を考えるうえでもう一つ重要なのは、メディア変換の可能性を踏まえて目録をつくる姿勢である。そのままではニーズに合わず利用できないけれどデジタル技術などを使って利用できるようにするということが今後ますます普及していくことが予想される。2010年に施行された改正著作権法では、障害者を対象に幅広くメディア変換して利用に供することが図書館の判断でできるようになった。DAISY資料では、機器を使って様々な表示をさせることができる。こういったことを考えると、目録の作り方も変化が求められる。今後は「それをどのように変換して使うことができるか」という利用の可能性に対応できるように配慮した目録づくりの姿勢が望まれる。

　デジタル情報では特に、複製や加工が容易にできるため、紛らわしい情報の増えることが危惧される。文献データベースで検索すると、一度の検索結果に同一文献の情報が複数回現れることがある。こういった場合は、書誌事項で同一性が確認できる。ところが、文字情報と静止画情報、動画情報と音声情報からなっている情報のなかから文字情報だけを取り出して別の情報の一部として再掲した場合、最初の文字情報と再掲された文字情報が同一であることは示され、照らし合わせなければ分かりにくい。メディア変換などの技術がさらに普及していくことが予想されるなかで、今後ますます工夫することが必要である。

(2)マルチメディアの主題の把握

　次に、マルチメディアの分類について考える。分類についても、その複合的な特性をできるだけ多様に反映させる工夫が望まれる。コンピュータ目録では、そのような制約はほとんどなくなっている。分類記号は一つに限定せず、ニーズがあれば、できるだけ多く重出させることで、ニーズに細やかに対応するこ

とができるのである。マルチメディアの件名についても、同様のことがいえる。

2 各種図書館における情報資源組織化

2.1 国立国会図書館の情報資源組織化

　国立国会図書館は国会へのサービスに留まらない。行政及び司法の各部門に対し、さらに日本国民にサービスし、日本における中央図書館としての役割を持つ（国立国会図書館法第2条）。国立国会図書館はその中央図書館の役割の一つとして、日本における納本図書館の機能を有している。国立国会図書館法第24条、第25条において、納入義務の定めがある（第4章第1節1.3(2)参照）。

　このことから、国立国会図書館の情報資源組織化、特にその目録は、国立国会図書館の蔵書目録の枠を超えて、日本で発行した情報資源の情報資源組織化の性格を有することになる。したがって、国立国会図書館の情報資源組織化は、全国書誌の作成という性格を有している。

　実際、長年にわたって冊子体、並びにWeb版による「日本全国書誌」（2012年から公刊停止）が刊行されてきた。2012年からは「日本全国書誌」は、新NDL-OPACの「書誌情報提供サービス」として、書誌データのダウンロード機能も含めて提供されている。

　また、国立国会図書館として書誌データの機械可読版JAPAN/MARCも、全国書誌の機械可読版として位置付けられており、国立国会図書館からすれば機械可読版の全国書誌提供に当たる。以上のことからも国立国会図書館は、国内の書誌コントロールにおける中心的な位置にある。

　国立国会図書館の国の中央図書館的な立場は、住民への図書館サービスのベースとなる市町村立公共図書館、それをバックアップする都道府県立図書館を支援する立場にある。しかし、県立以下の公共図書館が行政府に当たる組織であるが、国立国会図書館は立法府に属する機関である。このねじれが、本来ならば公共図書館の効率的なネットワーク形成が必要とされるところで、結果的に推進の足枷となっている。また、情報資源組織化のネットワークに則して

見てみると、公共図書館が利用可能な書誌ユーティリティは未確立である。国立情報学研究所によって設立された日本版書誌ユーティリティである NACSIS-CAT（第4章第2節2.2(3)参照）は、大学図書館を中心にして構築された。都道府県立図書館や市立図書館の加盟が見られ、情報資源組織化の一部に利用されてはいるものの、公共図書館の情報資源組織化に利用されてはいない。

2.2　学術図書館（大学図書館）の情報資源組織化

　本書は、公共図書館を対象とするので学術雑誌を中心とした情報資源組織化に焦点を当てて大学図書館を論じる。学術研究を軸とする大学の図書館では、学術雑誌論文は特別な位置付けがある。学術研究は、学術雑誌（特に査読付きの学術雑誌）に学術論文として発表することにより、学術成果物となる。また、現代における学術論文には、先行研究を踏まえることは必須である。具体的にいえば、自身の論文に、先行する学術研究を引用することである。学術雑誌は学術成果生産サイクルにおける重要な位置を占める。つまりそれは学術成果発表のための重要な場でもある。

(1)学術雑誌論文探索

　各大学図書館における学術論文の情報資源組織化は、これまで所蔵している学術雑誌のタイトルなどの書誌事項、所蔵している巻号が把握できるレベルで情報資源組織化を行ってきた。だがそれだけでは、不十分である。雑誌論文の探索、利用には、雑誌論文単位で書誌情報を収載するツールを必要とする。従来の大学図書館では、学術機関や商用の学術出版社による雑誌記事索引など公刊された雑誌記事単位の書誌・索引（第2章第2節2.1および同2.2参照）を利用者に提供することにより補ってきた。これは近年、雑誌記事（書誌）データベースとして発展してきている。この書誌データベースは極めて高価で、個人での利用は困難で、大学図書館などの機関での整備を必須としている。

第9章　多様な情報資源組織

(2)雑誌記事全文の電子化、電子ジャーナルの発展

　1980年代から、雑誌記事全文の電子化、デジタル化が出現した。雑誌記事の情報資源組織化では、書誌から、雑誌記事全文へと発展した。着目すべきは提供メディアの急速な進展である。

　当初、大型の汎用機でなければ利用できなかった高価な書誌データベースは、CD-ROM（後にDVD-ROMが主流となる）という大容量の蓄積メディアが出現し、小型PCでの利用を可能とした。ネットワーク環境も進展し、CD-ROMサーバの登場で、イントラネット上での利用が始まった。ネットワーク利用は、インターネットの普及と時期を同じくした。インターネット上でのIPアドレスのレンジ内の同時利用契約が登場し、さらに普及していった。

(3)シリアルクライシス（雑誌の危機）とオープンアクセス、機関リポジトリ

　欧米の学術雑誌を中心に、電子ジャーナル化の動きは大きく広がった。欧米ではアグリゲータと呼ばれる仲介業者が、全文デジタル化した雑誌記事コンテンツを統合してセットで利用契約を提案する。これは一括利用契約を締結することで、利用可能なアクセス電子ジャーナル数の増加を可能とした。統合するコンテンツ内容は、雑誌記事の書誌事項から、抄録、全文に至る。メディア的には、パッケージ型のCD・DVDから、インターネットで提供されるネットワーク情報資源に広がる。だが総体としては膨大な費用を必要とした。一旦契約した電子ジャーナルは、契約停止すれば閲覧できないなどの問題を含む。

　また同時期に、冊子体の学術雑誌においても前年比10％を超える購読雑誌料金の値上げが続き、現購読学術雑誌の維持すら困難となるいわゆるシリアルクライシス（雑誌の危機）が起って、対応が求められた。

　シリアルクライシスを背景に、2000年代に学術論文の著者や大学・研究機関等による学術雑誌の無料利用の様々な運動が広がりをみせてきた。

　それは、学術雑誌のオープンアクセス化、著者のWebへの自著の無料掲載、大学・研究機関などによる機関リポジトリの立ち上げなどがある。学術論文アクセスは多様なルートが存在する時代に突入した。

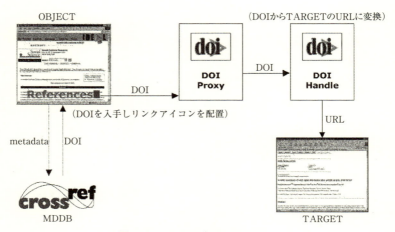

図9.1　CrossRef／DOI Resolution

(4)雑誌記事全文記事とのリンキング、CrossRefの登場

　学術文献の執筆では、先行研究を踏まえることは重要な意味があり、具体的には引用が重視される。雑誌記事全文のデジタル化が進行する時代が到来する中で、当該、学術雑誌記事の利用中に、そこの引用文献並びにその雑誌記事全文とリンクが張られて、即時的に引用文献が参照できる利便性を享受することは現実味を帯びてきている。いわゆるリンキング技術の適用である。電子ジャーナルの進展は、学術論文利用の次のステージを求めていた。しかし、多くの商用学術出版社および、電子コンテンツのアグリゲータは自社以外の引用した雑誌記事にはリンキングが出来ないという問題を抱えていた。また、ネットワークでの利用では、全文データの所在表示をしているURL自体が、変更されることはしばしばあり、リンクが不安定という問題も発生していた。それらを突破する動きは、欧米の学術出版社にあった。1999年欧米の主要出版社12社が引用文献から全文へのリンキング・システムを開発することに同意した。2000年には、10出版社2,700タイトル、130万件の論文から論文メタデータを収集し、リンキングサービスを開始した。システム名称は、CrossRefである。2002年、日本の科学技術振興事業団（JST）が提供する科学技術情報発信・流通総合シ

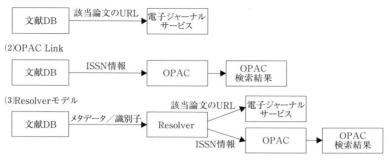

図9.2 直接リンクと Resolver モデルの比較

ステム (J-STAGE) がこれに正式参加した (http://current:ndl.go.jp/ca1481〔参照 2014-1-3〕)。

このシステムには、DOI (Digital Object Identifier) と呼ばれる固定の識別番号中心のシステムが中核にある。雑誌記事(付与対象は図書、雑誌、音楽データ、映像データ、部分的な章、図、表も可能)における固定コードである。

ところで、DOI がシステムと呼ばれるのは、固定データであることと同時に、全文雑誌記事へのリンク先の変化にも対応できる仕組みがあるためである。登録(有料)を行うと、出版者コード(プレフィックス)を CrossRef が割り当てる。各出版社は、プレフィックスに自社の学術論文にサフィックスを付与する。

DOI は CrossRef が管理する。DOI の利用を希望する出版社は、CrossRef へ報告された DOI を MDDB (メタデータデータベース) という DOI のディレクトリーサーバーに登録をしておく。一般利用者や、出版者が全文雑誌記事を利用する場合には、DOI を CrossRef の DOI ディレクトリーサーバー・MDDB に問い合わせ、全文雑誌記事の URL を取得する。この URL により、全文雑誌記事の表示ができる。URL 取得のための MDDB 利用料は無料である。

(5)リンキングとリゾルバ技術による適切コピー

電子ジャーナルによる全文雑誌記事が拡大する一方で、シリアルクライシスへの対抗もありオープンアクセス雑誌や、研究者・教員の自著を PDF 画像デー

タではあるが、機関リポジトリへアーカイブした電子雑誌記事も無料で利用可能なように公開されている。そもそも、電子ジャーナルの提供は、発行元が提供するインターネットサイトでの利用や、CD-ROM、DVD-ROM、インターネット経由のオンライン商品とパッケージ形態に取りまとめ、アグリゲータと呼ばれる業者が大量の電子ジャーナルをパッケージにして販売、利用契約、提供をしている。同一の電子ジャーナルでも、アクセスルートは多様を極めており、選択肢も多様である。電子ジャーナルにアクセスできればいいという段階から、利用費用やアクセススピードなど、比較検討して利用するために、ローカルの図書館にリゾルバと呼ばれるソフトウェアを導入して、利用対象ソース1に対して、表示・利用可能な多数のデータソースにナビゲートする仕組みが現れた。言わば1対多のアクセスを保証するものである。このリゾルバ技術を使用すると、電子ジャーナルばかりでなく、紙ベースの文献であっても、利用図書館で所蔵していればその図書館での利用が可能であること、また、相互貸借の申し込み用紙（形式）に表示させ、ILLの利便性を図っている。

リゾルバを導入していない図書館でも、NIIのCiNiiの設定で、若干の荒さがあるものの、同様の体験が可能である。有料の電子ジャーナルへのナビゲートこそできないものの、無料で利用可能な機関リポジトリの雑誌記事、CrossRef、科学技術振興事業団のJ-STAGEなどの無料の電子ジャーナルへは、CiNiiにおける雑誌記事検索結果に続いて、全文記事が表示される。また、NIIのNACSIS-CATへの対象図書館の雑誌所蔵データを利用して前述の、「自館に所蔵あり」「他館へ相互貸借」を申し込むなど表示が可能となる。

2.3　児童図書館の情報資源組織化

　図書館の主な役割は、資料を利用に供することである。利用しやすいように資料を組織化する必要がある。収集した本を的確に整理し、わかりやすく配架しなければならない。

　選択され、支払い手続きが済んだ図書は、①受入れ（会計記録の作成）、②目録、③分類、所在記号決定、④装備、⑤配架、の過程を経て利用者に提供され

る。

　図書館に来る子どもたちは、読書の楽しみを体験しながら、同時に図書館の利用方法を身に付けて、必要な資料や情報を効率的に探しだす方法を学んでいく。生涯にわたって図書館の利用者、理解者となるように、館員は努力しなければならない。

　児童図書館における情報資源組織化では、基本原則を踏まえながらも児童の特性を考えて、簡略化したり、工夫を加えている。

(1)児童図書館における目録

　図書館の目録とは、所蔵する個々の図書について必要な情報を記録し、一定の順序で配列したものをいう。

　目録に記録される情報は次のとおりである。

①タイトル、著者、出版者、出版年、ページ数大きさ、シリーズ、内容細目などの書誌的な情報。
②図書の主題を表わす分類記号、件名標目。
③図書の所在位置を示す所在記号。

　目録は、これを一定の順序で配列して、図書を探す手がかりとするものである。目録の種類は、次のとおりである。

　　閲覧用　①タイトル目録　②著者目録　③分類目録　④件名目録
　　事務用　①書架目録　　　②基本目録

　実際上、児童図書館では、このうち書架目録（分類目録の代用としても使用する）とタイトル目録を作り、必要に応じて著者目録が加わる。件名目録の大切さは認識されているが、実際に作成しているところは少ない。規準となる児童向けの件名標目表が作られていない。どういう「目録」を維持するかは、機能

と優先順位などを十分に検討したうえで決定されなければならない。
　図書館業務のコンピュータ化に伴い、従来のタイトル、著者名、分類の検索はもちろん、タイトルキーワードの検索や、組合せによる主題検索もレベルアップしている。多くの図書館で収集・整理・検索・貸出などがコンピュータ化されている。

(2)児童図書館における分類
　分類とは、図書の主題や内容の類似性によって区分し、配列することをいう。その規準として用いられるのが分類表である。わが国では、ほとんどの公共図書館と学校図書館で『日本十進分類法（NDC）』が採用されている。
　児童図書館においても、基本となるのはNDCである。蔵書規模や機能によって、展開の範囲を決めることができる。一般的には細かく展開する必要はなく、主綱表（百区分）を用い、部分的に3次区分とするのが妥当であろう。または、NDC小・中学校（児童書）適用表を使用してもよい。高学年の利用が多い児童図書館の場合は、利用上3次区分の方が便利であろう。
　NDCによらず独自の分類を試みることは可能であるが、生涯にわたって図書館を利用していくことを前提にすると、わが国においては、NDCの枠組みを維持することが適当であろう。同一分類記号の中で図書を個別化する必要がある時は、図書記号をつける。図書記号には、受入順、年代順（出版年順）、著者名順の3種があり、片仮名、平仮名、ローマ字など文字だけの場合と、文字と数字を組み合わせる場合がある。市区町村立図書館であるか、都道府県立図書館であるかによって図書記号の精密度は異なってくるであろう。永久保存する図書館であれば、書庫出納のことも考慮して、図書の個別化が必要となる。
　子ども特有の読書興味へのアプローチは、分類のみで解決するのではなく、配架の工夫や目録、児童図書館活動全般の中で解決の道を探るべきである。
　図書館としての分類体系を維持していくためには、分類コード、分類作業マニュアルなどを整備していく必要がある。

(3)児童図書館における配架

　図書の配列は原則として、分類記号順に同一分類記号の中は図書記号の順に並べる。図書の内容（参考図書など）、形態（大型本など）、利用対象（絵本など）などによって、必要な場合は別置する。

　絵本は、原則として別置し、表紙が見えるように配架するのが望ましいが、普通の書架に表紙を見せてすべてを並べることは実際は無理なので、絵本箱に配架するのが適当である。

　絵本の場合、冊数が多くなると区分が必要となる。種類として次の例がある。

　　赤ちゃん絵本　知識の絵本　むかしばなし絵本　創作絵本（日本、外国）

　知識の絵本は区分した方が利用しやすい。また最初から主題に分類するのも一方法である。むかしばなし絵本も区分した方が、子どもは利用しやすい。

2.4　学校図書館の情報資源組織化

　学校図書館において情報資源組織化は不可欠である。学校図書館法に「図書館資料の分類配列を適正にし、及びその目録を行うこと。」（第4条）とある。

　とりわけ、小学校、中学校の学校図書館においては、書架配列に教育の視点から情報資源組織化を重視して「教科別」「テーマ別」による独自の分類法を用いる主張もある。ただ、児童・生徒が生涯にわたる「図書館利用」の仕方を習得するには『日本十進分類法（NDC）』での分類・配架が望ましいであろう。

　しかし、日本の学校図書館における蔵書数は少なく、文科省調査「図書標準達成学校数」の割合は平成23年度末で、小学校56.8％・中学校47.5％に留まる。わずかな資料ゆえに配架の工夫が必要である。書架分類におけるNDC分類の細分の度合いや各学校図書館の特色にあったカスタマイズ等が図られている。たとえば、学校図書館が所蔵する神話（164）や民話（388）は「おはなし」や「よみもの」の類が多く、小説・物語（913）として扱う方が児童・生徒には馴染みやすいだろう。ただ両者は性格が違うので分類記号はそのままとして、神

話や民話の配架場所を小説の近くに設けるところもある。この方法だと書架上の修正に限定することが可能で、分類目録への影響はない。また、情報科学（007）と情報工学（548）も蔵書数が少ない場合にはどちらかにまとめる措置もある。中学校においてはコンピュータなどの情報教育を「技術科」で学習する場合がある。生徒はコンピュータをNDCの技術・工学（500）と結びつけがちなので、情報と社会の関係などは情報科学（007）に残して、コンピュータの利用に関するものはすべて情報工学（548）にまとめて組織化する学校図書館もある。配架上では、特定分野の図書を別置するなど、学校図書館の実状に合わせた書架運用を実施している。

　分類の表記は、運輸工学（536）・自動車工学（537）・航空宇宙工学（538）を「のりもの」、天文学（44）を「ほし」、百科事典（03）・逐次刊行物（05）を「しらべもの」というように、児童・生徒にわかりよい「ことば」を使用する。

　学校図書館資料を利用して学習するためには、書架上の情報資源組織化だけでは不十分で目録が必要である。それも「タイトル目録」や「著者目録」より主題から探せる「件名目録」の利用要望は高い。「調べ学習」「探求学習」の進展の中で利用者である児童・生徒は「水について」「環境について」と、著者やタイトルは何でもいいが、自分が知りたいことが書いてある資料を求めてくる場合が多い。近年の資料の主題を表すことば（件名）は、『小学校件名標目表』、『中学・高校件名標目表』を活用する。また件名付与方法としては、学校に備えるべき基本図書群のリストである『学校図書館基本図書目録』（全国学校図書館協議会）で付与された件名を目録に利用する学校図書館がある。

　しかし、多くの学校図書館では、「目録」が整備されていない実情があり、さらに件名目録が整備されていない学校図書館は多い。

　今日、「カード目録」や「冊子目録」が消えつつあり、コンピュータ目録が主流である。文科省による平成24年5月調査で、小学校64.1％、中学校65.1％、高等学校87.2％が蔵書の書誌データベース化をしている。児童・生徒の主体的な学習活動や読書活動を充実させるためにも、目録の整備が必要である。今後は目録を整備するためにも、多角的な検索手段を設定することができるコン

ピュータ化の推進の中で、MARCによるBSH等の件名データの利用とも相まって、懸案である件名による検索機能の整備が進んでいる。また、業者によっては図書単位の件名を進化させて目次レベルの件名データの販売も始まっている(『TOOLi-S』)。個々の学校図書館もOPACなどの整備などを充実させることに加えて、学校図書館・公共図書館間をオンラインで結び、総合図書目録データベースを構築し、共同利用するシステム設計が必要である。

学校図書館では、利用者が求める資料に素早く確実にアクセスできるよう、各館が自館の蔵書構成をしっかりと把握した情報資源組織化を目指している。

2.5 障害者と情報資源組織化

図書館の利用において障害をもつ人々がいる。視覚に障害のある人、聴覚・言語に障害のある人、肢体不自由をもつ人がそうであり、ディスレクシアといった障害もある。視覚障害のある人の場合は、図書館へ出かけること、情報資源の利用のいずれにも障害をもつことから問題は深刻である。特に情報資源の利用では、点字または録音図書へのメディア変換が求められる。

視覚に障害のある人々への情報資源の提供は、点字図書館を中心に行われてきた。そこでは、ボランティアの協力によってメディア変換を行い、蔵書となる点字・録音図書を製作し提供している。視覚に障害のある人々への図書館サービスでは、次の二つの点から情報資源の組織化が重要となる。一つは、貴重ともいえる点訳・音訳された資料を有効活用するには、図書館間相互協力(ILL)の推進が不可欠であり、そのための助けが情報資源の組織化である。点字・録音図書の提供は、より早く、また効率良くしたい。すなわち重複製作を避けることが求められる。このためにも情報資源の組織化、総合目録が必要となる。残る一つは、点字図書館利用者の多くは、電話などで貸出希望図書の郵送を依頼するため、利用者自身が図書の選択として用いるツールが必要となることである。つまり、視覚障害は歩行の不自由をもつことから、利用者自身が直接来館することはほとんどないことによる。前者への取り組みとしては二つのツールがあり、その一つは『点字図書・録音図書全国総合目録』である。国

立国会図書館が1981年の国際障害者年から編集を始めたこのツールは、全国の公共図書館、点字図書館などで視覚障害者の利用に供するために製作された点字・録音図書の所蔵情報を収録している。冊子体は1998年に終刊し、以後NDL-OPAC と CD-ROM 版での提供に切り替わった。もう一つには、2010年に運用を始めた視覚障害者情報総合ネットワーク「サピエ図書館」（全国視覚障害者情報提供施設協会運営）がある。これは従来運用されていた「ないーぶネット」を改修し、利便性を向上させたもので、サピエ会員施設・団体が製作または所蔵する資料の目録、点字・録音図書出版目録を併せ持つ全国最大の書誌データベースとなっている。オンライン上で ILL の申し込みも可能にし、さらにデジタルで製作された点字・録音図書は、ダウンロードやストリーミング（メディア変換と同時のその利用）もできる。利用者個人のアクセスをも認めるので、後者の機能を備えたネットワークとしても活用されている。

全ての人々へ図書館サービスを届けるためには、今後、公共・大学図書館等でのこれらのツール、特に「サピエ図書館」の導入と活用が一層期待される。

2.6 文書館の分類と目録

文書館（Archives）は博物館（Museum）・図書館（Library）とともに世界的には三大文化施設（MLA）といわれており、国及び各都道府県、市町村行政記録である公文書、地域資料・郷土資料を扱い公文書館・歴史史料館・歴史館・史料館などと呼ばれている。歴史的、文化的価値のある文書（記録史料）を選別、収集、整理、永久に保存、そして閲覧及び調査研究に供する史料保存利用施設である。英語名ではアーカイブ（ズ）（Archive(s)）と称される。法的根拠としては公文書館法（1987年12月公布）、国立公文書館法（1999年6月公布）があり、歴史的文書を選別し調査研究する専門職員はアーキビスト（archivist）である。

収集された公文書（現用文書）は行政機関の組織内作成部局別に分類されて文書ライフサイクルに基づき「ファイル基準表（文書分類表）」により保存期間（1年、3年、5年、10年、30年）などを決定し「文書ファイル管理システム」によって管理されており、情報公開法及び個人情報保護法によって閲覧に供され

ている。そして、国際文書館評議会（International Council on Archives：ICA）の基準（30年原則：1968年に提示された史料公開時期の目安）により文書完結後30年経過した非公開であった永年文書は歴史的文書として一般の閲覧に供している。

文書館の分類と目録は国内では、整理（目録、分類）のための標準ツールは存在しない。国立公文書館をはじめ各都道府県、市町村の文書館、公文書館では図書とは別の方法で整理をしている。

歴史的に価値のある記録史料は文書群の出所・組織・年代の情報（出所の原則・原秩序尊重の原則）が配架の第一義的な要素となり、組織変遷、系譜変遷などにより分類を行う。

目録の記述及び検索要素としては文書群名、表題、所在地（史料群の発生地）、所蔵者（発生母体）、旧地名、年代、差出、宛名、形態、数量、内容、保存状況、調査年月日、調査者などがある。

文書館の記録史料の分類と目録も情報資源として、検索及び利用が簡単になるように博物館、図書館、文書館（MLA）の連携を目指す必要がある。

③ 情報資源組織化の今後と MLA 連携

「ミュージアム（Museum）・図書館（Library）・文書館（Archives）の連携のこと。それぞれの頭文字をとって MLA と呼ばれる。いずれも文化的情報資源を収集・蓄積・提供する公共機関であるという共通点を持ち、情報資源のアーカイブ化等の課題を共有していることから、近年、連携の重要性が認識されてきている。」と文部科学省の「用語解説」に説明されている。

MLA 連携の重要性が認識されたのは、2008年国際図書館連盟（IFLA）が刊行した『公立図書館・文書館・博物館：協同と協力の動向』や OCLC が2011年から公表した一連のいずれも報告書からであるといわれている。図書館、ミュージアム（博物館、美術館）、アーカイブス（文書館、公文書館、古文書館）は、もともと文化的、歴史的には情報資源の収集・保存・提供を行う同一の組織であったものが、それぞれの所蔵資料の特性に応じて機能分化した一方で、施設

の融合や組織間協力を続けてきたといわれる。3つの施設の主に取り扱われる情報資源は異なっており、そのため資料・情報の組織化のための技術や利用者へのサービスにも違いがあることは確かであり、その施設の専門職も当然異なるサービスの姿勢を持っている。

　とはいうものの広い視野でみると、いずれも重要な資料・情報を収集・蓄積・提供するということで共通しているため、連携の必要性・重要性が認識されるに至った。これらの連携を可能としたのは、コンピュータおよびインターネットの普及による。三者の大きく異なる情報資源がデジタル化することで、コンテンツデータとして同じレベルで互いに連携の可能性を持ったといえよう。わが国においても連携の機運が高まっており、その第一歩としてデジタルによる所蔵目録の共有化とそのための標準化（メタデータ）が検討されてきた。このことによって各施設を超えて検索・利用することができ、利用者の利便性が一層高まることとなる。

参考資料
　文部科学省「用語解説」
　〈http://www.mext.go.jp/b_menu/shingi/gijyutu/gijyutu4/toushin/attach/1301655.htm 2016/0106 接続〉
　志保田務ほか編著『図書館サービス概論』学芸図書, 2013, 261p（実践図書館情報学シリーズ；3）
　髙山正也、岸田和明編『図書館概論』樹村房, 2011, 195p（現代図書館情報学シリーズ；1）

Question 9 （下の各問題に50字以内で答えなさい）
(1) 文書館の目録を含めマルチメディアの目録について説明しなさい。
(2) 児童図書館の情報資源組織化について説明しなさい。
(3) 障害者と情報資源組織化について説明しなさい。

参考文献

　本書をまとめるにあたって、これらの著書・論文・記事・基準類をいろいろの面で参考にさせていただいた。記載上、著者・編者を見出しとし、初版の表示および形態事項を省略した。項目内は出版年順とした。翻訳の在る場合、翻訳年に従った。

[規則, 基準類]

仙田正雄『図書分類規則』蘭書房, 1952

『議会図書館記述目録規則　増訂版』大内直之［ほか］訳, 日本図書館協会, 1961

Cutter, Charles A. Rules for a Dictionary Catalog, 4th ed. 1904. 複刻版, 間宮不二雄発行, 清和堂書店発売, 1967

『英米目録規則：北米版』米国図書館協会［ほか］編纂；大内直之［ほか］訳, 日本図書館協会, 1968

「国際標準書誌記述・単行書用：1969年コペンハーゲン目録専門家国際会議において設置された国際標準書誌記述ワーキング・グループの勧告」日本図書館協会目録委員会訳, 『現代の図書館』10(3), 1972

British Museum : Rules for the Compilation of the Catalogue of Printed Books 1841, with Appendixes. 関根真吉編, 図書館技術研究会, 1974

「国際図書館協会連盟国際標準書誌記述（逐次刊行物用）：IFLA 目録委員会と IFLA 逐次刊行物委員会によって設置された国際標準書誌記述（逐次刊行物用）合同ワーキング・グループの勧告（全訳）」長野昭, 薬袋秀樹訳, 『現代の図書館』12(4), 1974

丸山昭二郎「国際標準書誌記述（ISBD）について」『びぶろす』25(3), 1974

『国際図書館協会連盟パリ目録原則コンメンタール：決定版』エヴァ・ヴェロナ註解と例；坂本博［ほか］訳, 図書館技術研究会発行, 早川図書発売, 1977

ダンキン, ポール S.『目録規則の成立と展開』高鷲忠美［ほか］共訳, 早川図書　1978

国際図書館協会連盟著；田辺広, 岡崎義富訳「国際標準書誌記述（総合）：注解つきテキスト」『現代の図書館』17(3), 1979

ゴーマン, マイケル「英米目録規則　第2版」坂本博, 薬袋秀樹訳, 『現代の図書館』17(3), 1979

『英米目録規則：第2版日本語版』米国図書館協会［ほか制定］；Michael Gorman, Paul W. Winkler 共編；丸山二昭郎［ほか］訳, 日本図書館協会, 1982

ラザー, J.C., ビーベル, S.C.『議会図書館排列規則』鳥海恵司訳, 早川図書, 1983
Anglo-American Cataloguing Rules, 2nd ed., 1988 rev. prepared by Joint Steering Committee for Revision of AACR ; edited by Michael Gorman and Paul W. Winkler. Chicago : American Library Association, 1988
日本図書館協会件名標目委員会編『基本件名標目表』第4版, 日本図書館協会, 1999
『書誌レコードの機能要件：IFLA書誌レコード機能要件研究グループ最終報告：IFLA目録部会常任委員会承認』和中幹雄, 古川肇, 永田治樹訳, 日本図書館協会, 2004
Anglo-American Cataloging Rules, 2nd ed., 2002, rev., 2005 update. American Library Association, 2005.
日本図書館協会目録委員会編『日本目録規則　1987年版』改訂3版, 日本図書館協会, 2006
ISBD :International Standard Bibliographic Description , preliminary consolidated ed., recommended by the ISBD Review Group ; approved by the Standing Committees of the IFLA Cataloguing Section. München : K.G. Saur, 2007, [Loose Leaf]
「国際目録原則覚書」国立国会図書館収集書誌部訳.〈www.ndl.go.jp/jp/library/data/ICP-2009_ja.pdf〉
RDA : Resource Description & Access. developed in a collaborative process led by the Joint Steering Committee for Development of RDA (JSC), representing the American Library Association ... [et. al.] Chicago : American Library Association, 2010, [Loose Leaf]
ISBD : International Standard Bibliographic Description, consolidated ed., recommended by the ISBD Review Group ; approved by the Standing Committee of the IFLA Cataloguing Section. Berlin : De Gruyter Saur, c2011, [Loose Leaf]
もり・きよし原編『日本十進分類法』新訂10版, 日本図書館協会分類委員会編, 日本図書館協会, 2014

[情報資源組織論＆情報資源演習関係]
仙田正雄『図書分類と図書記号』蘭書房, 1953（新日本図書館学叢書；第8巻）
丸山昭二郎編『新・目録法と書誌情報』雄山閣, 1987
今まど子, 西田俊子『資料分類法及び演習』第2版, 樹村房, 1994
渡部満彦『WebOPACと連携した資料組織概説・同演習』暫定版　杉山書店　2005
那須雅熙『情報資源組織論及び演習』学文社, 2012（ライブラリー図書館情報学；9）

参考文献

[情報資源組織論関係]

山下栄編『件名目録の実際』日本図書館協会，1973（図書館の仕事；12）

ミルズ，J.『現代図書館分類法概論』山田常雄訳，日本図書館研究会　1982

丸山昭二郎，丸山泰通編『図書分類の記号変換：DDC, LCC, NDC』丸善，1984

チャン，L M『目録と分類』上田修一［ほか］訳，勁草書房，1987

川村敬一『サブジェクト・インディケーション：主題表示におけるエリック・コーツの寄与』日外アソシエーツ，1988

丸山昭二郎編『目録法と書誌情報』雄山閣，1993（講座図書館の理論と実際；3）

緑川信之『本を分類する』勁草書房，1996

ミルズ，J.［ほか］『資料分類法の基礎理論』田窪直規［ほか］訳，日外アソシエーツ，1997

宮澤彰『図書館ネットワーク：書誌ユーティリティの世界』丸善，2002（情報学シリーズ：5）

国立国会図書館書誌部編『件名標目の現状と将来：ネットワーク環境における主題アクセス』日本図書館協会，2005（書誌調整連絡会議記録集，第5回）

田窪直規編著『資源情報組織論』樹村房，2011（現代図書館情報学シリーズ：9）

長田秀一『情報・知識資源の組織化』サンウェイ出版，2011

柴田正美『情報資源組織論』日本図書館協会，2012（JLA図書館情報学テキストシリーズ；Ⅲ-9）

日本図書館協会目録委員会編集『目録の作成と提供に関する調査報告書（2010年調査）』日本図書館協会，2012

榎本裕希子［ほか］著『情報資源組織論』学文社，2012（ベーシック司書講座・図書館の基礎と展望；3）

根本彰，岸田和明編『情報資源の組織化と提供』東京大学出版会，2013（シリーズ図書館情報学；2）

高鷲忠美［ほか］『図書館情報資源組織論』学芸図書，2014（実践図書館情報シリーズ；7）

蟹瀬智弘著『NDCへの招待：図書分類の技術と実践』樹村房，2015

宮沢厚雄『分類法キイノート』樹村房，2015

志保田務，高鷲忠美編著，平井尊士共著『情報資源組織法：資料組織法・改』第2版　志保田務［ほか］改訂，第一法規，2016

[情報資源組織演習関係]

千賀正之『検索入門書：J-BISC & Japan MARC対応』日本図書館協会，1991

ゴーマン，マイケル『コンサイスＡＡＣＲ２』志保田務，岩下康夫訳，日本図書館協会，1996
ハンター，E. J.『コンサイスＡＡＣＲ２Ｒ：プログラム式演習』志保田務，岩下康夫訳，日本図書館研究会，1998
菅原春雄ほか『資料組織演習』理想社，1998（新図書館情報学シリーズ；11）
文部省学術情報センター『目録情報の基準』第4版，1999
岩下康夫［ほか］『NCRプログラム式演習と基本概念の分析：日本目録規則1987年改訂版第2版への手引き』学芸図書，2000
岡田靖［ほか］『資料組織演習』3訂，樹村房，2007（新・図書館学シリーズ；10）
吉田憲一編『資料組織演習』改訂版　日本図書館協会，2007（JLA図書館情報学テキストシリーズ；Ⅱ-10）
北克一，村上泰子『資料組織演習・書誌ユーティリティ，コンピュータ目録』改訂第2版　MBA，2008
和中幹雄［ほか］『情報資源組織演習』日本図書館協会，2014（JLA図書館情報学テキストシリーズ；Ⅲ-10）

[情報資源組織，RDA関係]

上田修一，蟹瀬智弘著『RDA入門：目録規則の新たな展開』日本図書館協会，2014（JLA図書館実践シリーズ；23）
Barbara B.Tillett, Library of Congress『RDA：資源の記述とアクセス：理念と実践』酒井由紀子，鹿島みづき，越塚美加共訳，樹村房，2014

[デジタルアーカイブ関係]

粕谷一希，菊池光興，長尾真［ほか］『図書館・アーカイブズとは何か』藤原書店　2008（別冊環；15）
日本図書館情報学会研究委員会編『図書館・博物館・文書館の連携』勉誠出版，2010（図書館情報学のフロンティア；10）
水谷長志編『MLA連携の現状・課題・将来』勉誠出版，2010
佐野昌己「デジタルアーカイブ一般公開の抱える課題」『情報学研究科 IT News Letter』Vol.10, No.1, 2014
石川徹也，根本彰，吉見俊哉編『つながる図書館・博物館・文書館：デジタル化時代の知の基盤づくりへ』東京大学出版会，2011
知的資源イニシアティブ編『デジタル文化資源の活用：地域の記憶とアーカイブ』勉誠出版，2011

参考文献

植村八潮, 野口武悟編著, 電子出版制作・流通協議会著『電子図書館・電子書籍貸出サービス調査報告2014』ポット出版, 2014
岡本真, 柳与志夫責任編集『デジタルアーカイブとは何か：理論と実践』勉誠出版, 2015
古賀崇著「文書資料と文書館・アーカイブズ」『情報の評価とコレクション形成』日本図書館情報学会研究委員会編, 勉誠出版, 2015（わかる！図書館情報学シリーズ；第2巻）

[API 関係]
高久雅生「Web API の過去・現在・未来.」『情報の科学と技術』情報科学技術協会, vol.64, no.5, 2014
川瀬直人, 清水茉有子「国会会議録フルテキスト・データベース Web API 開発の背景とその利用状況分析」『情報の科学と技術』情報科学技術協会, vol.65 no.12, 2015

[書誌コントロール・メタデータ関係]
国立国会図書館『JAPAN/MARC マニュアル』第2版, 国立国会図書館, 1998
根本彰『文献世界の構造：書誌コントロール論序説』勁草書房, 1998
国立国会図書館『JAPAN/MARC マニュアル』第2版, 国立国会図書館, 1998
学術情報センター編『目録情報の基準』第4版, 学術情報センター, 1999
北克一「研究文献レビュー：電子資料と目録規則, メタデータ, リンキング・テクノロジー」国立国会図書館, 2003（カレントアウェアネス；277）
日本図書館情報学会研究委員会編『図書館目録とメタデータ：情報の組織化における新たな可能性.』勉誠出版, 2004,（シリーズ・図書館情報学のフロンティア；4）
愛知淑徳大学図書館インターネット情報資源担当編, 鹿島みづき, 山口純代, 小嶋智美著『パスファインダー・LCSH・メタデータの理解と実践：図書館員のための主題検索ツール作成ガイド』愛知淑徳大学図書館, 紀伊國屋書店（発売）2005
佐藤康之「動向レビュー：MARC とメタデータのクロスウォーク」国立国会図書館, 2005（カレントアウェアネス；283）
谷口祥一, 緑川信之『知識資源のメタデータ』勁草書房, 2007
愛知淑徳大学図書館編, 鹿島みづき著『レファレンスサービスのための主題・主題分析・統制語彙』勉誠出版, 2009
増田豊「ERMS とリンクリゾルバーによる電子ジャーナル業務支援」『情報の科学と技術』59(6), 2009.
谷口祥一『メタデータの「現在」』勉誠出版, 2010

PREMIS 編集委員会編；栗山正光訳『PREMIS 保存メタデータのためのデータ辞書：第2.0版』日本図書館協会　2010

鹿島みづき『主題アクセスとメタデータ記述のための LCSH 入門 = Introduction to LCSH for Subject Access and Metadata』樹村房，2013

国立国会図書館［編］『メタデータスキーマガイドライン（案）：NDL デジタルアーカイブシステム』国立国会図書館，2007（http://hdl.ndl.go.jp/view/download/digide-po_1000988_po_da.pdf?contentNo=1）［参照日：2013.09.27］

W3C,「RDF Primer」（W3c Recommendation 10 February 2004）〈http://www.w3.org/TR/2004/REC-rdf-primer-20040210/〉［参照日：2013-09-28］

神崎正英『Dublin Core：メタデータを記述するボキャブラリ』(http://www.kanzaki.com/docs/sw/dublin-core.html)［参照日：2013.09.27］

[学校図書館メディアの構成] 関係

米谷茂則「小学校における教科・テーマ別配架」『学校図書館のひずみ』高文堂出版，2000

志村尚夫編著『学校図書館メディアの構成』樹村房，2003（学校図書館実践テキストシリーズ；2）

小田光宏編著『学校図書館メディアの構成』樹村房，2004（司書教諭テキストシリーズ；02）

平野英俊編著『改訂　図書館資料論』樹村房，2004（新・図書館学シリーズ；7）

髙鷲忠美［ほか］編著『学校図書館メディアの構成』第2版，放送大学教育振興会，2008（放送大学教材）

「シリーズ学校図書館学」編集委員会編『学校図書館メディアの構成』全国学校図書館協議会，2010

北克一，平井尊士編著『学校図書館メディアの構成』新訂，放送大学教育振興会，2012

[専門書]

渋川雅俊『目録の歴史』勁草書房，1985（図書館情報学シリーズ；9）

川村敬一『サブジェクト・インディケーション：主題表示におけるエリック・コーツの寄与』日外アソシエーツ，1988

丸山昭二郎編『主題情報へのアプローチ』雄山閣，1990（講座図書館の理論と実際；4）

緑川信之『本を分類する』勁草書房，1996

田窪直規『情報メディアの構造化記述について：その基礎的視点』図書館情報大学，

2004

河井弘志『ドイツ図書館学の遺産』京都大学図書館情報学研究会,2004

ヴィーガンド,ウェイン A.『手に負えない改革者:メルヴィル・デューイ』川﨑良孝,村上加代子訳,京都大学図書館情報学研究会,2004

志保田務『日本における図書館目録法の標準化と目録理論の発展に関する研究』学芸図書,2005

古川肇「書誌レコードおよび典拠レコードに関する規則の成立:RDAの完成」『資料組織化研究-e』59,2010

[ハンドブック,辞典関係]

ヤング,H編『ALA図書館情報学辞典』丸山昭二郎[ほか]監訳,丸善,1988

図書館情報学ハンドブック編集委員会編『図書館情報学ハンドブック』第2版,丸善,1999

図書館問題研究会編『最新図書館用語大辞典』柏書房,2004

日本図書館学会用語辞典編集委員会編『図書館情報学用語辞典』第3版,丸善,2007

日本図書館協会図書館ハンドブック編集委員会編『図書館ハンドブック』第6版補訂版,日本図書館協会,2010

今まど子編著『図書館学基礎資料』第11版,樹村房,2013

索　引

欧　文

AACR →英米目録規則
ALA →米国図書館協会
API　171
Bibliotheca universalis →世界書誌
BNB（英国全国書誌）　61
BSH →『基本件名標目表』
call number →請求記号
CC →コロン分類法
CD　178
Chain Indexing →連鎖索引（法）
CIDOC CRM　160
CiNii　175, 186
CiNii-Books　16, 42, 43
CIP　34
CJK　40
CRG →英国分類法研究グループ
CrossRef　184, 186
DAISY　180
DC →デューイ十進分類法
DCMES バージョン1.1　162
DCMI　161
　──Metadata Terms　163
　──機構　164
DDC →デューイ十進分類法
Dewey Decimal Classification →デューイ十進分類法
DOI　180
DVD　178
EC →展開分類表
EDItEUR　161
E-R モデル　156
FID →国際ドキュメンテーション協会
FRAD →典拠データの機能要件
FRBR →書誌レコードの機能要件
FRSAD →主題典拠データの機能要件
ICCP →国際目録法原則会議

ICM →国際ドキュメンテーション委員会
ICP →国際目録原則覚書
IEE LOM　159
IFLA →国際図書館連盟
IIB →国際書誌学会
ILL →図書館間相互貸借
Index Medicus　63, 64
ISBD　19, 28, 33, 122, 123, 128, 131, 150
　──区切り記号法　42, 144, 145
ISBD（CF）　123
ISBD（CR）　129
ISBD（G）　123
ISBD（M）　128
ISBD（S）　123
ISBN →国際標準図書番号
ISO14721　160
ISSN →国際標準逐次刊行物番号
JAPAN/MARC　38, 42, 58, 93, 181
　──UNIMARC 版フォーマット　37
J-BISC　38
JLA →日本図書館協会
JST 科学技術用語シソーラス（⇔科学技術振興事業団）　70, 186
J-STAGE　186
KWIC 索引システム　58
KWOC 索引システム　59
LC →米国議会図書館
LCC →米国議会図書館分類表
LCSH →米国議会図書館件名標目表
LC 番号　53
List of Subject Headings for Use in Dictionary Catalog（ALA, 1895）　63
location mark →所在記号
MARC　17, 35, 50, 93, 115, 123
　──フォーマット　173
MARC21　36, 63
　──フォーマット　174
MDDB　185

203

MeSH（Medeical Subject Headings） 63
METS 160
――1.6 168
MLA 159
――連携 176
MODS 160, 174
NACSIS 16, 40, 42, 43, 115, 182
NACSIS-CAT 186
NACSIS-ILL 43
national bibliography →全国書誌
National Union Catalog →米国総合目録
NCR 19, 120, 130
NDC →『日本十進分類法』
NDL →国立国会図書館
NDLC →国立国会図書館分類表
NDL-OPAC 181
NDL デジタルアーカイブシステム→国立国会図書館デジタルアーカイブシステム
NDLSH →『国立国会図書館件名標目表』
NII →国立情報学研究所
NLM →米国軍医図書館
NDC0版 88
OAI-PMH ハーベスティング 175
OAIS 160
――参照モデル 167
OCLC 16, 39, 45, 63, 130, 160
ONIX 161
OPAC →オンライン目録
PMEST（ファセット） 94
PRECIS 61
PREMIS 160, 170
RAK →アルファベット順目録規則
RDA 126, 130
RDF 163
RLG 40, 160
RLIN 40
shared cataloging →共同（分担）目録作業
SINET →学術情報ネットワーク
『TOOLi-S』 191
tracing →標目指示
TRC MARC 42
UBC 32
UDC →国際十進分類法

UNIMARC 36
union catalog →総合目録
US/MARC 36
VIAF 29, 57
W3C 155
Web API 171
Web NDL Authorities →典拠データ検索・提供サービス（NDL）
WebOPAC 45
Web サイト 177
WorldCAT 40
XML スキーマ 160

あ　行

アーカイブ（ズ）→文書館
アーキビスト 192
アクセスポイント（⇔標目） 177
アクセスルート 186
アグリゲータ 183, 186
アプリケーション・プロファイル 164
アルファベット順分類目録 62
アルファベット順目録規則 128
アレクサンドリア図書館 81
一館分類表 82
一般分類表 82
インキュナブラ 110
印刷カード 34, 63, 94, 118
ウィーガンド，A.W. 84
受入順記号 109, 111
英国全国書誌→ BNB
英国図書館協会 117
英国分類法研究グループ 94
映像資料 179
英米合同目録規則 117
英米目録規則（初版） 127
英米目録規則第2版 20, 128
英米目録規則第2版改訂版 129
閲覧目録 12, 13
エドワーズ，E. 81, 87, 92
絵本 189
エミュレーション 166
エレメント 123
――セット 161, 174

エンコーディング（書きかえ）方式　163,173
大阪府立図書館和漢書配列分類表　88
オトレ，P.　31,85
音順［件名］標目表　65
音声情報　179
オンライン目録（OPAC）　8,17,45,191
　　——の構築　47

か　行

カード目録　8,13,20,117
階層構造［件名］標目表　65
階層分類　80,83,95
概念参照モデル→CIDOC CRM
科学技術情報発信・流通総合システム
　　（J-STAGE）　184
科学技術振興事業団（⇔JST）　184
学術雑誌　182
　　——論文　182
学術情報ネットワーク　44
学術情報センター（システム）→NACSIS
加除式資料　177
学校図書館　90,176,189
『学校図書館基本図書目録』　190
『学校図書館の手びき』　89
カッター，C. A.　62,116
『カッター・サンボーン著者記号表』　110
加藤宗厚　64,89,90
カリマコス　31,81
河井弘志　81
『簡易図書記号法』　110
韓国十進分類法　90
韓国図書館分類表　82
巻次記号　111
間接サービス　1,3
館内案内図　1,75
管理メタデータ　158,160,170
機械可読目録→MARC
機関リポジトリ　49,183,186
記述　18
　　——対象のレベル　135
　　——の情報源　143
　　——の精粗　146
　　——の第1～第3水準　147

　　——の対象　134
　　——と書誌レベル　137,138
　　——文法と区切り記号法　144
　　——ユニット・カード方式　131
　　——ユニット方式　132
技術メタデータ　158,168
基礎単位（目録記述の）　137
既知検索　6,57
木寺清一　110
記入（目録記入）　18
基本記入標目　25
基本記入方式　118,122
基本記入論争　120
『基本件名標目表』　64
逆ベーコン方式　83,92
キャッチ・ワード　58,62
共同（分担）目録作業　15,34,39,45,115
記録すべき書誌的事項　145
国名標目表　66
継続刊行レベル　137
　　——の記録　142
継続資料　178
ゲスナー，C.　81
結合記号　94
結合検索　60
検索語　57
件名記入　117
件名検索　57
件名索引（分類目録の）　95
件名典拠ファイル　26,68
件名標目　61
件名付与作業　67
件名目録　6,57
権利メタデータ　158,170
交叉分類の禁止　80
更新資料　177
合成型分類表　83
構成単位（目録記述の）　137
構成レベルの記録　142
構造メタデータ　158
神戸大学附属図書館　166
綱目（分類表の第2次区分）　95
国際十進分類法　31,85,96

国際書誌学会　31,85
国際書誌コントロール→UBC
国際ドキュメンテーション委員会　160
国際ドキュメンテーション協会　85
国際図書館連盟　32,33,36,151,193
国際博物館会議　160
国際標準書誌記述→ISBD
国際標準逐次刊行物番号　24,53,150,178
国際標準図書番号　24,53
国際文書館評議会　193
国際目録原則覚書　122,127
国際目録法原則会議（⇔パリ原則）　121
国立公文書館　192
国立国会図書館　93,181
　　——サーチ　171
　　——総合目録ネットワーク
　　　→ゆにかねっと
　　——デジタルアーカイブシステム　167,170
『国立国会図書館分類表』　93
『国立国会図書館件名標目表』　64,69
『国立国会図書館著者名典拠録：明治以降日本人名』　23,56
『国立国会図書館和漢書分類コード』　105
国立情報学研究所　16,40,42,57,186
個人情報保護法　192
固定配架　108
個別資料　125,126
個有補助表　102
コロン分類法　61,94
コンピュータ目録　8,14,22

さ　行

再販売価格維持契約制度　35
索引　10
雑誌の危機→シリアルクライシス
冊子目録　13
佐野友三郎　87,88
サピエ図書館　192
サムネイル画像　166
参照語　61,66
シアーズ，M. E.　64
『シアーズ件名標目表』　64
事後結合　60,61

四庫分類　91
辞書体目録　14
『辞書体目録規則』　116
事前結合　22,60
シソーラス　61,63
実体（FRBR）　125
自動参照　24,55,61
児童図書館　176
事務用目録　12
シャートリフ，N. B.　84
ジューエット，C. C.　62,116
自由語（検索）　57,58
集合単位（目録記述の）　137
集合レベルの記録　141
集中目録作業　15,34,35,62,115
主題　5,6
主題検索　6,57,58
主題典拠データの機能要件　126
主題配架　94
主題分析　5,59,60,102
シュッツ，C. G.　82
主票数（UDC）　87
シュレッティンガー，M. W.　82
シュワーツ，S.　84
障害者　180,191
『小学校件名標目表』　69,190
情報公開法　192
情報資源　1
　　——組織　1-4
情報パッケージ　168
書架案内図　1
書架分類　74,78,94
　　——表　81,83
書架見出し　75,78
書架目録　12
書庫配架　8
所在記号　5-7,19,71,76,108
書誌　9,114
　　——階層　136
　　——コントロール　8,30,45
　　——単位　137
　　——データベースのつくり方　47
　　——的記録　18

──的事項　145-147
　　──要素　123
　　──ファイル　42
　　──分類　71,81
　　──ユーティリティ　16,40,44,45,52
　　──レコードの機能要件　33,125,152
　　──レベル　137
書誌記述→記述
書籍館　87
書名記入→タイトル記入　116
調べ学習　190
シリアルクライシス（雑誌の危機）　183,185
資料分類表　80,82,83
シンガポール・フレームワーク　164
震災文庫　166
シンプル・ダブリンコア　162
ストリーミング　192
スポフォールド, A.R.　84
請求記号　5,19
静止画情報　179
青年図書館員連盟　64,88,120
セイヤーズ, W.C.　105
『西洋人名・著者名典拠録』　57
整理委託　35
世界書誌　31,81
全国書誌　32
仙田正雄　105
全文へのリンキング・システム　184
全米総合目録　116
専門分類表　82,93
相関索引　10,81,89,104,105
総合目録　15,45
相互参照→連結参照
属性（FRBR）　125

　　　　　　　　た　行

大英博物館　116
大学図書館　176
体現形（FRBR）　125,126
タイトル記入　20
タイトルの変遷（継続資料）　177
タイトル標目　53
タイトル目録　6

ダウンズ勧告　89
棚（シェルフ）見出し　76
田中稲城　87
ダブリンコア　161-163,174
探究学習　190
単行レベルの記録（目録記述の）　140
単純検索（非結合系検索）　60
団体著者　121
逐次刊行物　173,190
知識の絵本　189
知識分類　80
チャン, L.M.　60
『中学・高校件名標目表』　69,190
中国図書館図書分類法　95
直接参照　25,28
著作　125
　　──記号　111
　　──権法　180
著者記号（法）　110,111
著者記入　116
著者基本記入　115,116
著者標目　53
著者名典拠コントロール　55
著者名典拠ファイル　27,42,56
著者名典拠録　56
『著者書名目録規則』　117
著者目録　6
帝国図書館八部門分類表　87
ディスクリプタ　61
ディスレクシア　191
デジタルアーカイブ　165-167
デジタル情報資源　4
デジタル情報　180
『手に負えない改革者：メルヴィル・デューイ
　の生涯』　84
デューイ, M.　34,88
デューイ十進分類法　83-85,96
『デューイ模倣書目十類法』　88,91
展開分類表　92
転記の原則　144
典拠コントロール　24,25,27,42,54,55
典拠データ検索・提供サービス（NDL）　70
典拠データの機能要件　126,128,152

207

典拠ファイル　13,25,56,57
『点字図書・録音図書全国総合目録』　191
点字・録音図書　192
電子ジャーナル　183,185
電子資料　151
電子図書館連合　160
ドイツ国立図書館　130
同意語　57
統一タイトル　53
統一標目　54
動画情報　179
統制語　57,59,61,62
特定資料検索　6
『図書館学の5法則』　95
図書館間相互貸借　4,15,16,40,43,191
図書館間協力　39,45
図書館情報システム　47
　──設計　47
『図書館建設のための意見書』→ノーデ, G.
図書館目録→目録
『圖書館管理法』　119,120
図書記号　109,111
図書分類　81
杜定友　91
トランケーション機能　6

な　行

『日本十進分類法』　64,82,88,90,95,98,179,
　188,189
『日本十進分類法新訂9版』　71,90,103
『日本十進分類法小・中学校（児童書）適用法』
　188
「日本全国書誌」　181
『日本著者記号表』　110
『日本著者名・人名典拠録』　57
日本図書館協会　35,65,91,119
『日本目録規則』→NCR
ネットワーク情報資源　4
年代（順）記号　109,111
納本図書館（⇔法定納本）　181
ノーデ, G.　81

は　行

配架　1,2,5,7,74,78,81,189
　──方法　84
博物館　192
パットナム, G.H.　34,63
パニッツィ, A.　115
パニッツィの「目録編纂規則」　115
パリ原則（⇔国際目録法原則会議）　117,121,
　128,131
ハリスの分類法　83
版次記号　111
汎用分類表　82
非基本記入制　132
『ビスコー年代記号表』　109
非ディスクリプタ　61
非統制語→自由語
一館分類表　83
ピナケス　31,81
表現形（FRBR）　125,130
標準目録カード　34
標準番号・入手条件（目録記述の）　150
標準分類表　82
標目（⇔アクセスポイント）　19,20,24,114
　──指示　19
　──未記載ユニット・カード方式→記述ユ
　ニット・カード方式
ビリングス, J.S.　63
ファセット（分類）理論　94
フィールド識別子　144
プール, W.F.　64
複本記号　111
付属資料　179
ブラウジング　5,110
『ブラウン（著者）記号表』　110
『ブラウン年代記号表』　110
フランクフルト原則→国際目録原則覚書
フランス国立図書館　29
フリードリッヒ, J.C.　82
ブリス書誌分類法　94
ブルーネ, J.C.　81
プロイセン目録規則　118
文献データベース　176

索　引

分出記録様式（目録記述の）142
文書館　159,193
文書記述言語　156
分担目録作業→共同（分担）目録作業
分類　2,74
　　――記号　80,85,94,98,104
　　――規程　105
　　――検索　57
　　――項目　104
　　――作業　79,103,104
　　――順件名目録　62
　　――記号順標目表　65,67
　　――大系順標目表　65
　　――配架　79,93
　　――表　80
　　――標数　85
　　――目録　6,57,95
米国議会図書館　33,40,63,84,116,117,119,
　130
　　――件名標目表　63
　　――分類表　91
『米国議会図書館記述目録規則』119
米国軍医図書館　62
米国総合目録　33
米国図書館協会　84,117
　　――会長　92
米国図書館使節団　89
米国立スーパーコンピュータ応用研究所　161
ベーコン，F.　81
別置　78
別置記号　112
法定納本制度（⇔納本図書館）93
補助票数（UDC）86
ボストン公共図書館　84
保存記述情報　169
保存メタデータ　158,170

ま　行

マークアップ言語　156,174
マイグレーション　166
マイグレーション履歴　170
マイクロ資料　174
間宮不二雄　64,88

マルチアクセス目録　15
マルチメディア　178,179
　　――の分類　180
マンチェスター図書館式配架　87
未知検索　6,57
民間MARC　38,57
民間カード　35
無著者名古典　56
メタデータ　157-159,161,167,168,175
　　――スキーマ（記述規則）158,168,174
　　――の枠組み　158
　　――ワークショップ　161
メディア変換　180
メリル，W.S.　105
『メリル著者記号表』110
『メリル年代記号表』109
目録　2,5,8,20,114
　　――規則　114
　　――作業　114
　　――システム　2
　　――所在システム　40
　　――専門家会議　122
　　――の対象世界　125
目録記入→記入
もり・きよし（森清）64,88-90

や　行

山下栄　64
ゆにかねっと　44
要目（分類表の第三次区分）95

ら　行

ラ・フォンテーヌ，H.　31,85
ランガナタン，S.R.　29,61,94
『ランガナタンの年代記号法』110
リコメンデーション　49
リゾルバ　185
リモートアクセス　151
リンキング　184,185
類目（分類表の第一次区分）95
ルベツキー，S.　127
列挙型分類表　82,85,94-97,104
列挙順序　60

連結参照　25,28,65,68
連鎖索引（法）　28
レンディングライブラリー　165
ローカルアクセス　151
録音資料　179
論文メタデータ　184

わ　行

和漢図書目録法（案）　120
和漢圖書目録編纂概則　119,121
和漢圖書目録編纂規則　119
「和洋図書共用十進分類表案」　87,88
をみよ参照→直接参照
をもみよ参照→連結参照

監修者紹介

山本順一(やまもと・じゅんいち)
　早稲田大学第一政治経済学部卒業。早稲田大学大学院政治学研究科博士課程単位取得満期退学。図書館情報大学大学院図書館情報学研究科修士課程修了。現在、桃山学院大学経営学部・経営学研究科教授。『行政法（Next教科書シリーズ）』(共著、弘文堂、2012)、『情報の特性と利用 図書館情報資源概論』(編著、創成社、2012)など。

執筆者紹介（＊は編著者、執筆順）

＊**志保田 務**(しほた・つとむ) 第1章、第5章、第6章、第8章、第9章、各章Question
　編著者紹介欄参照。

杉山誠司(すぎやま・せいじ) 第1章～第4章、第5章コラム、第6章～8章、第8章コラム、第9章
　法政大学文学部卒業。愛知淑徳大学大学院文学研究科図書館情報学博士前期課程修了。日本福祉大学図書館、同大学院事務室を経て、大阪大谷大学教授。『図書館サービス概論』学芸図書、2013)など。

常世田 良(とこよだ・りょう) 第1章コラム
　和光大学人文学部卒業。同専攻科修了、筑波大学大学院前期博士課程修了。浦安市立図書館長、浦安市教育委員会次長、日本図書館協会事務局次長兼・常務理事）を経て、現在、立命館大学文学部教授『浦安市の図書館にできること』(勁草書房、2003)、『図書館概論』(共著、学文社、2010)など

鈴木史穂(すずき・しほ) 第2章
　図書館情報大学大学院図書館情報学研究科修士課程修了。東北大学大学院情報科学研究科人間社会情報科学専攻博士課程修了。Ph.D. 福島県立図書館、福島県立安積黎明高等学校図書館を経て、現在、福島県立図書館。『図書館森時代：人に役立ち、地域に貢献し、地球を救う』(共著、日本地域社会研究所、2005)、「公共図書館における児童資料の組織化に関する研究」(学位論文、東北大学、2010)など。

前川和子(まえかわ・かずこ) 第3章コラム、第5章、第8章、第9章
　慶応義塾大学文学部卒業、大阪教育大学大学院教育学研究科修士課程、筑波大学大学院図書館情報メディア研究科博士後期課程単位取得満期過学。大谷女子短期大学図書館、大阪大谷大学図書館、堺女子短期大学専任講師、大阪大谷大学准教授、大手前大学教授を歴任。『図書館実習Q＆A』(共著、日本図書館協会、2013)、『情報・メディア総論：図書館資料論・専門資料論・資料持論の統合化』

（共著、学芸図書、2008）など。

森美由紀（もり・みゆき）第4章
武庫川女子大学文学部卒業．大阪市立大学大学院創造都市研究科都市情報学専攻修了。現在、大阪大谷大学非常勤講師など。

石田有邦（いしだ・ありくに）第4章コラム
桃山学院大学経済学部卒業。神戸市教育委員会を経て、現在、神戸市立中央図書館、情報課長。

谷本達哉（たにもと・たつや）第5章、第6章
大阪教育大学大学院教育学研究科修士課程修了。筑波大学大学院図書館情報メディア研究科後期博士課程単位取得満期退学。現在、羽衣国際大学人間生活学部准教授。『情報サービス：概論とレファレンスサービス演習』（共著、学芸図書、2007）、『資料・メディア総論：図書館資料論・専門資料論・資料特論の統合化』（共著、学芸図書、2013）など。

松井純子（まつい・じゅんこ）第7章
大阪教育大学大学院教育学研究科修士課程修了。現在、大阪芸術大学教授。『情報資源組織演習』（共著、樹村房、2013）など。

河手太士（かわて・ふとし）第7章コラム、第8章、第9章 1.1
図書館情報大学図書館情報学部卒業。図書館情報大学大学院図書館情報学研究科修士課程修了。大阪樟蔭女子大学図書館および修学支援課等を経て、現在、静岡文化芸術大学図書館・情報センター（情報室）。「「静岡文化芸術大学学術機関リポジトリ（SUACAR）」の構築に向けて：学術的成果の公開を通して地域に貢献する」（『静岡文化芸術大学研究紀要』2012）など。

平井尊士（ひらい・たかし）第8章
愛知淑徳大学大学院文学研究科図書館情報学博士前期課程修了。筑波大学大学院図書館情報メディア研究科後期博士課程単位取得退学。兵庫大学講師、准教授、同大学情報メディアセンター室長を経て、現在、武庫川女子大学准教授、放送大学客員准教授、理化学研究所客員研究員。『教育方法技術論』（共著、学芸図書、2012）、『学校図書館メディアの構成新訂』（共著、放送大学教育振興会、2012）など。

家禰淳一（やね・じゅんいち）第8章 3.3、3.4
桃山学院大学社会部卒業。大阪市立大学大学院創造都市研究科都市情報学専攻修士課程修了。現在、桃山学院大学大学院経営学研究科博士後期課程修了。Ph. D. 堺市立中央図書館主幹兼企画情報係長。『図書館サービス概論』（共編著、学芸図書、2013）など。

柳勝文（やなぎ・かつふみ）第9章 1.2
早稲田大学第一文学部卒業。同志社大学大学院アメリカ研究科博士課程前期課程修了。国際日本文化研究センター事務補佐員などを経て、現在、龍谷大学文学部准教授。『情報機器論』（近畿大学通信教育部、1999）、『図書館サービス概論』（近畿大学通信教育部、2012）など。

佐久間朋子（さくま・ともこ）**第9章　2.3、2.4、第6章コラム**
　大阪市立大学大学院創造都市研究科都市情報学修了。帝塚山短期大学図書館を経て、現在、奈良教育大学附属中学校学校司書。『子どもの読書環境と図書館』（共著、日本図書館研究会、2006）、『学校教育と図書館：司書教論科目のねらい・内容とその解説』（部分執筆、第一法規、2007）など。

立花明彦（たちばな・あけひこ）**第9章　2.5**
　桃山学院大学社会学部卒業。筑波大学大学院教育研究科修士課程修了。神奈川県総合リハビリテーションセンター指導員、日本点字図書館勤務を経て、現在、静岡県立大学短期大学部社会福祉学科教授。『新訂図書館概論』（共著、東京書籍、2005）、『図書館サービス概論』（共著、学芸図書、2013）など。

中村恵信（なかむら・よしのぶ）**第9章　2.6**
　大阪経済大学経営学部卒業。大阪府立大学学術情報センター図書館事務長補佐、大阪府公文書館、大阪府立大学羽曳野図書センター主任を経て、現在、神戸松蔭女子学院大学文学部総合文芸学科（司書養成課程）教授。『情報サービス：概説とレファレンスサービス演習』（共著、学芸図書、2007）、『資料・メディア総論：図書館資料論・専門資料論・資料特論の統合化』（共編著、学芸図書、2007）など。

向畑久仁（むこはた・ひさひと）**イラスト作成**
　大阪産業大学経営学部卒業。元大阪教育大学、姫路獨協大学図書館課長を経て、現在、営農デザイナー。『分類・目録法入門新改訂第4版』（共改訂、第一法規、2005）、『資料・メディア総論』（共著、image picture 担当、学芸図書、2007）など。

《編著者紹介》

志保田　務（しほた・つとむ）

桃山学院大学名誉教授・図書館を学ぶ相互講座主宰。アジア図書館情報学会副代表。
博士（図書館情報学、2004年、図書館情報大学大学院後期博士課程修了）。
職歴：1978年、桃山学院大学社会学部助教授、文学部教授（1990年）、経営学部教授（2002-2008年）。その間、アリゾナ大学客員研究員（1994-1995年）、京都大学非常勤講師（1997-2008年）等兼任。2008年より現職。
単著：『日本における図書館目録法の標準化と目録理論の発展に関する研究』（学芸図書）、
共編著：『資料組織法』、『分類・目録法入門』、『図書館と情報機器・特論』（以上、第一法規）ほか多数。

講座・図書館情報学⑩

情報資源組織論［第2版］
──よりよい情報アクセスを支える技とシステム──

2014年4月10日　初　版第1刷発行　　　　〈検印省略〉
2016年4月15日　第2版第1刷発行

価格はカバーに
表示しています

編 著 者	志 保 田	務
発 行 者	杉 田 啓	三
印 刷 者	藤 森 英	夫

発行所　株式会社　ミネルヴァ書房
607-8494　京都市山科区日ノ岡堤谷町1
電話代表　（075）581-5191
振替口座　01020-0-8076

© 志保田ほか，2016　　　　　　　　亜細亜印刷

ISBN978-4-623-07651-2
Printed in Japan

山本順一 監修

講座・図書館情報学

全12巻
A5判・上製カバー

* ①生涯学習概論　　　　　　　　　　　前平泰志 監修，渡邊洋子 編著
* ②図書館概論　　　　　　　　　　　　　　　　　　　　　　山本順一 著
* ③図書館制度・経営論　　　　　　　　　　　　　　　　　安藤友張 編著
* ④図書館情報技術論　　　　　　　　　　　　　　　　　　河島茂生 編著
　⑤図書館サービス概論　　　　　　　　　　　　　　　　　小黒浩司 編著
　⑥情報サービス論　　　　　　　　　　　　　　　　　　　高橋　昇 編著
　⑦児童サービス論　　　　　　　　　　　　　　　　　　　　塚原　博 著
　⑧情報サービス演習　　　　　　　　　　　　　　　　　　中山愛理 編著
　⑨図書館情報資源概論　　　　　　　　　　　　　　　　　郡司良夫 編著
* ⑩情報資源組織論［第2版］　　　　　　　　　　　　　　志保田務 編著
　⑪情報資源組織演習　　竹之内禎・長谷川昭子・西田洋平・田嶋知宏 共編著
　⑫図書・図書館史　　　　　　　　　　　　　　　　　　　　三浦太郎 著

（＊は既刊）

―― ミネルヴァ書房 ――
http://www.minervashobo.co.jp/